조기현 크리스탈 교회
Sep 4/17

우리교회
성도들 읽을거리 1

임재택 지음 | 장은영 그림

기독교문서선교회

기독교문서선교회(Christian Literature Center: 약칭 CLC)는 1941년 영국 콜체스터에서 켄 아담스에 의해 시작되었으며 국제 본부는 미국 필라델피아에 있습니다.

국제 CLC는 59개 나라에서 180개의 본부를 두고, 약 650여 명의 선교사들이 이동도서차량 40대를 이용하여 문서 보급에 힘쓰고 있으며 이메일 주문을 통해 130여 국으로 책을 공급하고 있습니다.

한국 CLC는 청교도적 복음주의 신학과 신앙서적을 출판하는 문서선교 기관으로서, 한 영혼이라도 구원되길 소망하면서 주님이 오시는 그날까지 최선을 다할 것입니다.

Paronomasia for Christian 1

Written by
Jae Taek Lim

Korean Edition
Copyright © 2017 by Christian Literature Center
Seoul, Korea

항상 그랬고
사랑합니다

♡

추천사 I

송 길 원 목사

하이패밀리 대표

"바닷가에 사는 사람들은 점점 파도의 속삭임에 익숙해져서 그들은 그것을 듣지 않는다"는 말이 나를 찔렀다. 결국 성도들은 내 설교를 듣지 않았다는 것.

그래서 고민 끝에 얻은 결론이 하나 있다.

어려운 것을 → 쉽게,

쉬운 것을 → 재미있게,

재미있는 것을 → 의미 있게.

난 늘 이런 언어를 추구해왔다.

그러다가 내 아우 Jasper J. Lim(임재택)의 시냅스에 이런 언어들이 가득 차 있는 것에 놀랐다.

누가 그랬는가?

조어력이야말로 가장 뛰어난 창조성이라고 난 확실히 믿는다. 그의 말을 듣고 있노라면 어지럽던 개념이 정리되고 가슴이 뛴다는 것을.

그에게 잡힌 언어들은 시시콜콜이다.

뭐가 '시시콜콜'이냐고?

"See See Call Call!"

내가 가진 작은 소망이 하나 있다.

'OMG'(oh my God), 'LOL'(laughing out loud-큰 소리로 웃다), 'FYI'(for your information-참고하라), 'singledom'(독신생활 혹은 독신인 상태) 등이 『옥스퍼드 영어사전』에 신조어로 실렸듯, 그의 언어가 『옥스퍼드 사전』을 장식할 날을!

말하면 무얼하나?

강추다!

송알송알 맺힌 하늘의 금언들,

길따라 걷고 걷다 보면,

원하는 그 축복 누리리니, 거기

　『우리 교회 성도들 읽을꺼리』가 있었더라.

우리 교회 성도들 읽을꺼리 1

추천사 2

유 임 근 목사

KOSTA 국제총무

KOSTA가 어느새 32년이 넘어섰습니다. 캠프 숫자만 해도 34개 이상으로 많은 캠프가 열리고 있습니다. 이젠 오대양 육대주 수많은 국가와 도시에서 열리고 있습니다. 저는 코스타의 심부름꾼으로서 세계 각 지역을 다니면서 코스타를 섬겨주시는 수많은 목회자와 사역자들을 만나게 됩니다.

그 많은 사역자들 중에서 임재택 목사님은 저에게 아주 특별합니다. 록키산 자락에 숨어 있는 도인과 같은 분입니다. 깊은 산속의 맑은 옹달샘처럼 임재택 목사님은 인품과 성품이 하나님과 사람 사이를 물 흐르듯이 오가며 때로는 깊은 묵상의 언어로, 때로는 호탕한 웃음의 언어로 머리 속까지 시원해지는 깨달음을 선물해 주는 분입니다.

사랑하는 임재택 목사님의 책을 추천하게 되어 참으로 기쁩니다.

책 추천을 위해 원고를 처음부터 쭉 읽어 내려가며 '역시나' 하는 미소가 떠오릅니다. 이민생활을 하며 마음이 지쳐 있고 속시원히 웃음을 터트리기도 어색한 성도님들을 향한 그의 자상한 배려의 마음이 글 속에 가득 채워져 있음을 보기 때문입니다.

특히, "말썽꾸러기와 말씀꾸러기"는 짧은 글이지만 이 시대가 스스로 챙겨 먹어야 할 말씀을 잃어버려, 참된 삶을 잃어버린 성도를 향한 목회자의 따뜻하지만 날카로운 충심이 전해져 와 눈시울 뜨겁게 했습니다.

얼마든지 더 멀리 가고, 더 높이 날고, 더 넓게 사역들을 늘여 갈 수 있음에도 불구하고, 하나님께서 맡겨주신 록키산 자락의 성도님들을 향한 하나님의 사랑의 통로가 되기 위해 록키산처럼 묵묵히 그 자리를 지키며, 록키산처럼 깊은 영성으로 사람들의 형편을 들여다 보며 하나님의 형상을 그들에게 덧입혀 나가고 계신 임재택 목사님의 글들은 이민 교회 성도님들뿐만 아니라 한국 교회 성도님들에게도 큰 위로와 격려가 되리라 믿으며 기쁨으로 추천합니다!

여러분들이 이 책을 읽는 동안 탁월한 언어의 놀이동산 안에서 기막힌 하나님의 은혜의 동산을 경험하게 될 것입니다.

우리 교회 성도들 읽을꺼리 1

추천사 3

이 병 준 목사

심리상담학 박사

『다 큰 자녀 싸가지 코칭, 우리 부부 어디서 잘못된 걸까』 저자

할례는 선택받은 백성이란 사실을 망각하지 말라는 하나님의 각인 (imprint) 방법이었습니다. 그래서 이스라엘 남자들은 소변을 볼 때마다 그 사실을 확인합니다.

얼굴만 떠올려도 웃음을 짓게 하는 임재택 목사님 특유의 언어재치가 돋보이는 이 책은 마음의 할례를 위한 각인 방법입니다. 매일매일 한 꼭지씩 읽는다면 하나님의 백성임을 새기게 될 것이요, 행복의 비결을 하나씩 익히게 될 것입니다.

매일 가족이 둘러앉은 식탁에서, 출근길에서, 하다 못해 화장실에서 용변을 보는 시간만으로도 신앙의 깊이와 행복의 넓이를 동시에 얻을 수 있다면 꽤 수지맞는 장사가 되겠기에 강력 추천합니다.

추천사 4

류응렬 목사

와싱톤중앙장로교회 담임

전 총신대학교 교수

임재택 목사님의 책을 읽으면서 몇 가지 든 생각이 있습니다.

처음에는 평범하게 늘려있는 말을 비범하게 조합하여
범인들이 누리지 못할 범상한 기쁨을 선물하는 것에 놀랐습니다.

조금 더 읽다 보니 한글에 대한 약간의 감각만 있어도
이렇게도 감탄스런 말이 탄생한다는 생각에 감격했습니다.

끝까지 읽고 나니 글마다 스며 있는 재능과 재미에
일상의 삶 속에서 잃어버린 미소를 다시 찾게 됩니다.

이 책은 일부러 시간을 내어 읽을 필요가 없습니다.
그저 생각날 때 어느 곳이든 한 장이라도 펼치면
기쁨의 샘물도 마시고 기분 전환도 일어날 것입니다.

두 권을 구해서 누구에게라도 선물하고 싶은 책입니다.
책을 받는 사람은 오늘보다 행복한 내일을 맞이하게 될 것입니다.

우리 교회 성도들 읽을거리 !

성도들의 추천사 Ⅰ

책을 펼치는 순간 먼저, 각각의 제목부터 흥미진진^^

장 은 정 집사
『CS 친절 교육 길라잡이』 저자

테마별 본문을 통한 은혜는 말로 표현하기 어려울 정도의 취향저격이었다. 핵심 포인트를 풀어나가는 한 줄 한 줄은 정말 감탄의 연속이었다.

쉽게 공감되는, 생생한 삶에서 이루어진 꾸밈없는 표현들부터 말씀 묵상에 이르기까지, 어느 책과 비교할 수 없을 정도로 분명한 메세지를 전하고 있어 이 시대에 꼭 추천하고 싶다.

그리고 다시 한 번 감사하고 감사한 마음이 더해졌다. 따뜻한 예수쟁이 우리 임재택 담임목사님과 함께 행복한 동행을 하고 있다는 것만으로도.

성도들의 추천사 2

콩떡으로 말해도 팥떡으로 알아듣는 불통의 시대이다

조 찬 주 집사
커피 브레이크 국제 강사

　한국어의 감각을 잃어버리는 이민 목회 현장에서 국어에 담긴 미묘한 뜻을 바르게 풀어가는 임재택 목사님의 저서가 나왔다.

　타고난 유머와 기지, 뒷심이 되어준 철학적 사고, 오랜 목회 경험으로 심화된 영성 안에서 다듬어진 언어적 유희는 혼동의 세대를 살아가는 성도들에게 명쾌한 성경적 가치관을 제시한다

　짧지만 강렬한 메시지들이 마치 즐거운 시 한 편, 랩 음악 한 곡을 듣는 듯이 영혼을 시원케 하는 기쁨을 준다.

프롤로그

그대를 사랑합니다 Forever

나는 성경을 사랑합니다.
그리고 한글도 사랑합니다.
묵상합니다.
정리합니다.
내 마음의 책장
내 생각의 서랍.

생각을 말로 정리하는 작업은 중요합니다.
잘 정리된 말을 마음에 품고 살아갈 때 그 말이 또한 삶이 되기 때문입니다.

사람은 자신이 가진 가치관에 따라 살게 됩니다.
의롭고 행복한 삶을 위해 올바른 가치관을 가져야 합니다.
그 가치관은 한 단어, 한 문장으로 표현 될 수 있습니다.
그래서 가치관은 재미있고 기억하기 쉬운 단어와 문장으로 정리되는 것이 유익합니다.

성경은 수천년 동안 입에서 입으로 구전되었습니다.

성경의 저자는 구전되는 과정에서도 본래의 의미가 선명하게 전해지기를 원했습니다. 기억하기 쉽기를 원했습니다. 그래서 많은 말의 기법들을 동원하였고 사용하였습니다.

그중에 "유사발음 반복 기법"(Paronomasia)이 있습니다.
비슷한 발음에 비슷한 뜻이면 의미는 강조되었고
비슷한 발음에 다른 뜻이면 의미가 선명해졌습니다.

적어도 히브리어로 구전되어 내려오던 동안에는 그런 즐거운 기법이 살아 있었습니다.
그러나 아쉽게도 번역되면서 이런 즐거움을 많이 잃어버리게 되었습니다.
의미 전달에 충실하다 보니 그런 기법까지는 어려웠던 것입니다.

신학 대학원 시절 이런 사실들을 깨달은 후에 틈틈이 목회 현장에서 시도하고 또 나누며 살아왔습니다.
한 20년이 지난 이제서야
"이 예언의 말씀을 읽는 자와 듣는 자와 그 가운데에 기록한 것을 지키는 자는 복이 있나니 때가 가까움이라"(계1:3)하시는 그 말씀의 이유를 조금 더 알게됩니다.

비록 오랜 세월이 지났지만,

성경적 가치관을 제 스스로 더 선명하게 정리하기 위해서 그 기법을 사용해 봅니다.

또 성도들도 즐겁게 정리할 수 있기를 원하는 마음으로 적어봅니다.

1톤의 생각은 1그램의 실천보다 못하지만

1톤의 실천은 1그램의 생각으로 시작되기에

옳은 생각

선명한 가치관으로

행복한 삶을 더불어 살고 싶습니다.

캐나다, 록키산 근처의 작은 도시에서 이런 생각하는 것이

무슨 의미가 있겠냐는 생각이 들 때는 위축되기도 합니다.

하지만, 록키산 앞에서 삽들고 서는 심정으로 적어갑니다.

저 산을 옮겨 보겠노라고,

내 삶을 옮겨 보겠노라고,

우리 교회 성도들과 더불어 행복하게 한 번 살아 보겠노라고,

혼자서 웃습니다.

캐나다, 에드먼턴에서.

CONTENTS

1. 고통과 소통

두려워 말고 소통하라.

고통보다 소통이다.

2014년 4월 16일, 인천-제주 간 페리선 "세월호"가 침몰했다. 사실 이 사고는 대한민국 온 국민의 정서적 침몰을 함께 가져왔다. 세월호가 침몰할 때, 선장은 16번 채널을 사용하지 않았단다. 주변의 모든 배들이 듣는 공용채널 16번을 사용하지 않았다는 말이다.

리포터가 세월호의 전 항해사와 인터뷰하면서 물었다.

왜 16번 채널을 사용하지 않았을까요?
채널 16번을 쓰면 문제가 커져서….

결국, 사고가 난 후에 책임을 묻는 과정이 더 복잡해지고 더 오래 걸리고 더 연관되는 것을 고통스러워했기 때문에 소통을 거부했다는 것이다.

나의 고통을 생각해서 소통을 거부한 결과는 우리의 죽음이었다. 고통을 피하기 위한 소통의 부재는 계속 이어졌다.

사고 수습 과정에서 정부가 보여준 태도에 대해 팩트티비(Fact TV)의 오창석 기자는 이렇게 표현했다.

정부는 유가족과도 언론과도 소통을 거부하고 있습니다.

부디, 이 아픈 고통의 과정을 통해서 소통을 배우기를…. 고통을 통해서도 소통을 배우지 못할 때 더 큰 고통을 경험하는 악순환이 이어진다.

하나님도 우리와 대화를 통해 소통하자고 하는 마당에 그 누가 소

통하지 못할 사람이 있을까?

여호와께서 말씀하시되 오라 우리가 서로 변론하자 너희의 죄
가 주홍 같을지라도 눈과 같이 희어질 것이요 진홍 같이 붉을지
라도 양털 같이 희게 되리라(사 1:18).

"Come now, let us reason together," says the LORD. "Though
your sins are like scarlet, they shall be as white as snow;
though they are red as crimson, they shall be like wool."

내 삶과 죽음은 주님과의 "소통"에 있습니다. "고통"을 통해서라도
"소통"을 배우겠습니다. "성장통"이라 여기겠습니다.

"소통"한 후에는 아무리 "고통"스럽더라도 주님을 향해 "직통"하겠
습니다.

언뜻 보기에 크리스천들은 "보통"사람으로 살아갑니다. 하나님과
"직통"으로 "소통"하는 것이 보이지 않기 때문입니다.

사람들은 "무통 분만" 같은 삶을 꿈꾸지만 주님과의 "소통"이 없어
"치통" 같은 삶을 살아갑니다. "쌀통"만 걱정하는 "밥통" 같은 삶입니
다. 마침내 "멍통"입니다. 그렇게 일러줘도 "도통" 못 알아 듣습니다.

주님과 "소통"하는 사람이야말로 "큰통"입니다.

새해에는 새벽마다 더 무릎 꿇어서 "소통"의 "알통"을 키워가야겠
습니다.

그런 사람의 삶은 "형통"입니다.

"신통"하면 "인통"하고 "인통"하면 "물통"합니다.

그런 사람의 삶은 "형통"입니다.

하나님과 "소통"하며 밤을 새는 "고통"은 "신통"입니다. 성도들의 "울화통"을 들어주는 목회자의 "고통"은 "산통"입니다. "소통"하지 않다가 "꼴통"이 되는 것은 "쌤통"입니다.

이 글은 성도들과 또 하나의 채널로 시도하는 "소통"입니다.

> 그런즉 너희는 이 언약의 말씀을 지켜 행하라 그리하면 너희가
> 하는 모든 일0 형통하리라(신 29:9).
> Carefully follow the terms of this covenant, so that you may
> prosper in everything you do.

우리 교회 성도들 읽음거리 1

2. 갈 길과 살 길

길이라고 다 갈 길이 아니고
길이라고 다 살 길이 아니다.
살 길을 먼저 찾아 갈 길을 가야 하되
살 길이 참 길인지 살펴볼 일이다.

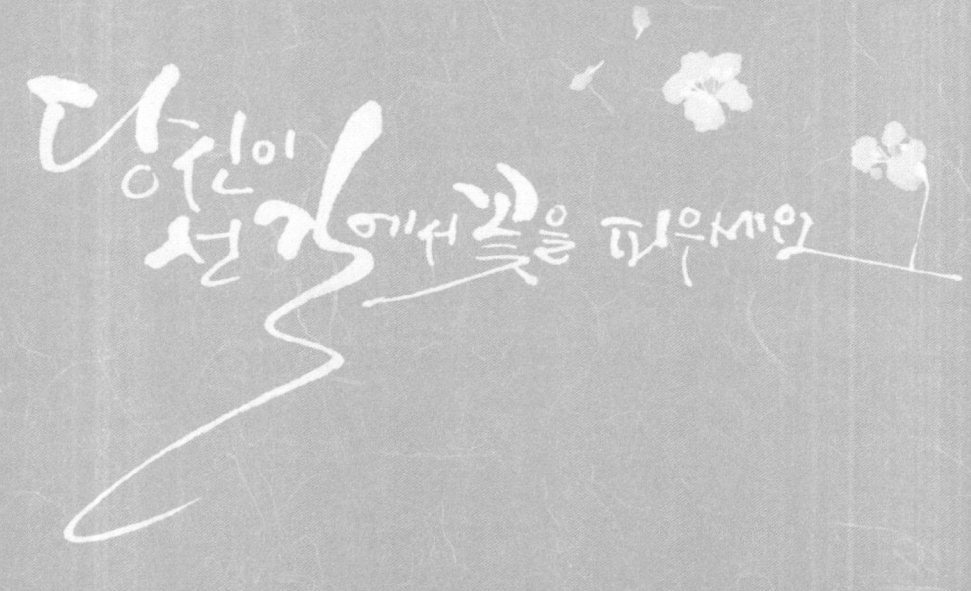

지난해부터 우리 교회에서는 예배를 시작하는 앞 부분에 부르는 노래가 있다. "세상을 사는 지혜"(이율구 작사·작곡)라는 곡이다.

하늘을 볼 겨를도 없이 정신없이 세상을 살다가
마음의 먹먹함이 내 삶을 짓누를 때 그제서야 주님을 찾습니다.

행복을 느낄 겨를도 없이 분주하게 세상을 살다가
인생의 허무함이 내 삶을 짓누를 때 그제서야 주님을 찾습니다.

오늘도 여전히 주님은 그 자리에서 우리를 끊임없이 돌보시는데
부족한 내 영혼은 아직도 갈 길을 모릅니다.

(이하 생략)

몇 년 전에 이 노래를 처음 들었을 때 속으로 얼마나 울었는지 모른다. 혼자 차 안에서 들으면서 소리내어 울기도 많이 했다.

사람 많은 좁은 땅, 대한민국에서 남자아이로 태어나서 정신없이 달려왔다. 진학의 길, 군인의 길, 취업의 길, 행복한 결혼의 길까지도 한 번도 가보지 않았지만 나름대로 열심히 달리기는 했었다. 그 길이 모두가 가야 하는 갈 길인 줄 알고 달려왔는데 문득 이 길이 참 길인가 하는 생각이 들어서 걸음을 멈추게 된 느낌이었다.

예로부터 길에 관한 말이 많다.

비도불행(非道不行).

'길이 아니면 가지 말라'는 공자의 효경(孝經)에 나오는 말이다. 하

지만 나는 여행가 한비야 씨가 지은 책 제목인 "지도 밖으로 행군하라"는 말이 더 좋다. "어떤 길도 처음부터 길은 아니었다"는 말처럼 도전적인 표현이 좋다.

잘 먹고 잘 살 길을 찾아 사는 세상에서 잘 먹고 잘 살지 못하더라도 참 길을 찾아 걸었으면 좋겠다. 때로는 그 참 길이 외롭고 배고프고 힘들어도 그 길이 궁극적인 살 길인 줄 알고 그 한 길을 걸었으면 좋겠다.

> 군인의 길은 비포장 길
> 정치인의 길은 자갈밭 길
> 목회자의 길은 가시밭 길?

> 예수께서 이르시되 내가 곧 길이요 진리요 생명이니 나로 말미암지 않고는 아버지께로 올 자가 없느니라(요 14:6).
> Jesus answered, "I am the way and the truth and the life. No one comes to the Father except through me."

3. 감탄과 한탄

"감탄"하라!
"기탄"없이 "감탄"하라.
한탄하지 않으려면 감탄하라.

2013년 1월 1일, 이메일을 열었다.

임재택 목사님을 찾습니다.

(중략)

캄보디아 최정규 선교사로부터.

나보다 키가 크고, 나보다 공부도 잘했고, 나보다 집안도 좋았던 O알 친구.
중 2때 떨리는 음성으로 초대장을 전한 적이 있었다.

정규야, 이번 토요일날 교회 올래?

돌아 나오는 길에 왜 그렇게 눈물이 났는지 그때는 알 수 없었다.
그 눈물은 30년 동안 구름처럼 문득문득 내 기억의 창공에 떠올랐다.
그런데 이제 만나게 된 것이다. 알고 보니 서울대 금속공학과를 졸업하고 러시아 국립 모스크바대학을 나와 치과의사가 되어 있었다.
아내 또한 러시아에서 치대를 공부한 한국인 아내인데, 둘은 더욱 의미 있는 삶을 찾아 캄보디아로 갔다고 했다. 그리고 안식년 없이 8년째 사역하고 있다고 했다.

처음 누가 나를 찾는다고 할 때에는, 으잉?
어릴적 고향 친구임을 알았을 때는, 우와!
치과의사가 되어 캄보디아 선교사라니까, 뜨아!
앞으로 동역할 수 있으니까, 꺄아!!!

이 정도의 만남이면…감탄에서 감격.
먼저 찾아 준 정규에게…감사.
놀라운 연출력의 하나님께…감탄.

행복한 감사의 삶은 감탄의 연속이다.

감탄은 승자의 숨결,
한탄은 패자의 숨결.

감탄은 젊음의 열쇠,
한탄은 늙음의 열쇠.

홀로 감탄하고, 또 더불어 감탄하기를.

만남의 종류는…

처음보다 끝이 더 안 좋은 만남(감탄-한탄),
처음만큼 끝이 좋은 만남(감탄-감탄),

처음보다 끝이 더 좋은 만남(감탄-감격),

처음도 안 좋고 끝은 더 안 좋은 만남(한탄-파탄).

2013년의 새해의 첫복은 그렇게 임하고 있었다.

온 땅이여 하나님께 즐거운 소리를 낼지어다(시 66:1).

Shout with joy to God, all the earth!

여호와로 인하여 기뻐하는 것이 너희의 힘이니라(느 8:10).

For the joy of the LORD is your strength.

우리 교회 성도들 읽을꺼리 1

4. 거룩함과 거북함

거북함을 거룩함 되게 해야 하지만
거룩함이 거북함 되게 하는 것도
주의해야 한다.

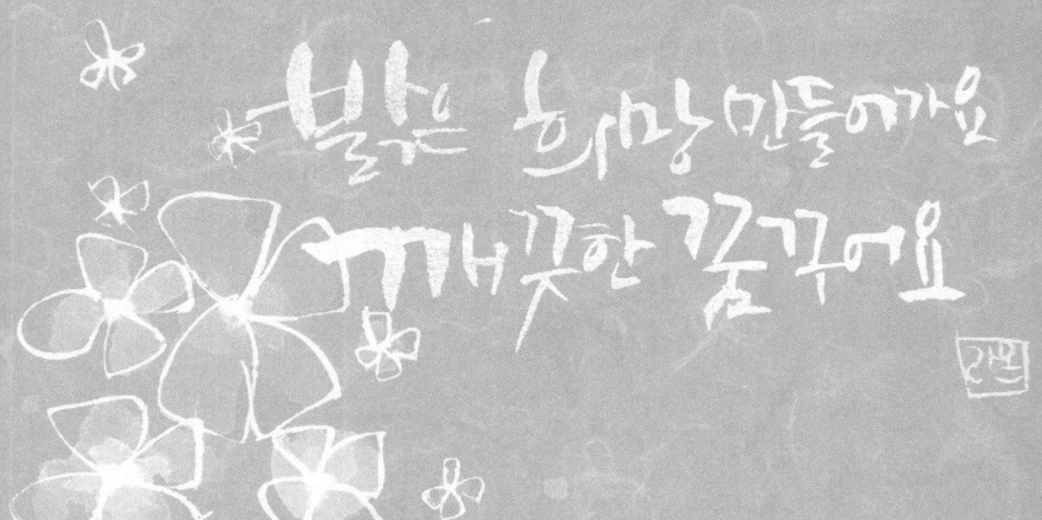

몇 주간 우리 교회에 출석하다가 마침내 등록한 1.5세 청년이 있었다. 우리 교회에서는 몇 주 안 봤지만 몇 년 동안 족구 동호회에서 함께했던 터라 더 반가웠다. 우리 교회에 등록해서 함께 신앙가족이 되기로 결심하게 된 가장 주된 이유가 무엇이냐고 물었다. 웃으며 대답한 그 내용이 가관이었다.

목사님 같지 않은 목사님이 세 분이나 계셔서요.

굳이 좋게 해석하자면 이렇다. 자신이 지금까지 갖고 있었던 목사님의 이미지는 왠지 가까이하기에는 어려운 눈빛, 목소리, 걸음걸이, 몸짓이었다는 것이다. 그런데 우리 교회 목회자들의 소박함과 인간미로 인해 격의 없는 친근감을 느꼈다는 것이다. 또 종교인의 그 "정형화된 거룩 혹은 외형적인 거룩"이 풍기지 않아서 좋다는 거였다.

지난 연말에 충북 영동에서 물한계곡교회를 섬기시는 김선주 목사님의 이야기를 접했다. 시골에서 목회하시면서 동네 주민들에게 "이럴 때는 전화하세요"라는 안내지를 나누어 드렸다는데 인상적이었다.

1. 보일러가 고장나면 전화하세요.
2. 텔레비전이 안 나오면 전화하세요.
3. 냉장고, 전기가 고장나면 전화하세요.
4. 휴대폰이나 집전화가 안 되면 전화하세요.
5. 무거운 것을 들거나 힘쓸 일이 있으면 전화하세요.
6. 농번기에 일손을 못 구할 때 전화하세요.

7. 마음이 슬프거나 괴로울 때 도움을 요청하세요.

8. 몸이 아프면 이것저것 생각 말고 바로 전화하세요.

9. 갑자기 병원에 갈 일이 생겼을 때 전화하세요.

10. 경로당에서 고스톱 칠 때 짝 안 맞으면 전화하세요.

다른 사람들은 어떻게 느낄지 모르지만 나는 10번을 읽는 순간 거룩함을 느꼈다. 시골 할머니, 할아버지들의 필요에 함께하는 임마누엘, 성육신의 현재화라고 느꼈기 때문이다.

한국의 시골 교회 목회와는 다르지만 독특한 이민 교회를 10년 넘게 섬기면서 나도 목사 같지 않은 목사의 발자취를 더듬어 "이럴 때 전화 주세요"를 적어 보았다.

1. 공항 픽업이나 라이드가 필요할 때 전화 주세요.

2. 추천서가(영주권, 직장) 필요할 때 전화 주세요.

3. 교통 사고가 났을 때 전화 주세요(통역).

4. 관광, 휴가 계획을 세울 때 전화 주세요(가이드).

5. 집을 급하게 구할 때 전화 주세요(부동산).

6. 1.5세 자녀가 속 썩일 때 전화 주세요(자녀 상담).

7. 마음이 슬프거나 괴로울 때 전화 주세요.

8. 향수병에 걸려 김치, 김치찌개 먹고 싶을 때 전화 주세요.

9. 결혼 주례가 필요하시면 전화 주세요.

10. 족구 할 때 짝 안 맞으면 전화 주세요.

그 청년의 듣기 좋은 말을 그 이전에도 후에도 더러 들었는데 그때마다 아내는 인상을 쓰면서 말한다.

그 말이 다 좋다고 듣지 마시고 새겨 들으세요.
농담도 좀 줄이고 옷도 좀 제대로 입고…목사면 목사처럼 보여야지….

그러면 나는 또 한 마디 한다.

아, 네. 김순실님.

나는 너희의 하나님이 되려고 너희를 애굽 땅에서 인도하여 낸 여호와라 내가 거룩하니 너희도 거룩할지어다(레 11:45).
I am the LORD who brought you up out of Egypt to be your God; therefore be holy, because I am holy.

우리 교회 성도들 읽을꺼리 1

5. 거지떼와 거짓떼

양식이 없는 사람들은 거지떼,
양심이 없는 사람들은 거짓떼

요즈음 매일 보고 싶고 궁굼한 것이 있다. 민간인 국정논란과 이를 밝히려는 국회 청문회이다. 컴퓨터 모니터 앞에 이렇게 애착을 보이며 자주 앉은 적이 없었다.

캐나다로 오기 직전에 보았던 드라마, "야인 시대" 이후로 내 눈길을 그렇게 끈 것은 없었다. 다른 사람들도 그렇나 보다. 그때 "야인 시대"는 50.1%로 최고의 시청률을 기록했다. 요즈음 국회 청문회 방송이 평소 0.03%의 시청률에서 0.397%을 올랐다고 하니 놀랄 일이다.

"야인 시대"는 거지떼가 나왔고 청문회는 거짓떼가 나왔다.

"야인 시대"는 드라마고 청문회는 현실이다.

"야인 시대"는 양식이 없던 시대이고 청문회는 양심이 없는 시대이다.

보통의 경우라면 현실보다 드라마가 더 재미있는데 지금은 현실이 더 재미있다.

양식이 없는 궁민(窮民)들은 선거철만 되면 주권을 제대로 행사하는 국민 되기를 열망한다. 그러나 곧 열망하다가 실망한다. 양식을 해결해 주는 양심 있는 사람이 당선되기를 원하지만 그렇지 않다. 번번이 속았다고 "청문회"나 "촛불 집회"를 한다. 촛불의 심지도 타고 속도 탄다. 민주주의 국가에서 주권은 국민에게 있다고 하는데 그것도 혼란스럽다.

도대체 거짓은 어디까지일까?

얼마까지일까?

궁금하다.

개그맨 허경환의 "궁금하면 500원"이라는 말처럼, 온 국민이 500

원 내면 알 수 있을까?

국민(國民)들이 궁민(窮民)이 되다 보니 막걸리 한 잔에 양심을 팔고 주권을 팔기도 한다. 그래서 또 양심 없는 사람들이 양식 없는 사람들을 정치하니 악순환의 연속이다.

처어칠(Winston S. churchill)이 말했다. 의미로 옮겨 보면 이렇다.

'좋은 정치가란 미래를 그럴듯하게 말해낼 줄 아는 사람이다. 또한 나중에 그대로 되지 않았을 때 그것을 잘 둘러댈 줄 아는 사람이다.'

결국 국민 앞에서의 공약(公約: 대중과의 약속)이 텅빈 공약(空約)이 되어도 그 위기를 입으로 잘 떼워 넘기는 사람이 좋은 정치가라는 말이다. 농담 잘하기로 유명했던 처어칠 수상의 정치에 대한 역설이며 풍자였다.

지금 대한민국은 그것이 현실인듯 또 불안하다. 『햄릿』에서 "죽느냐 사느냐 그것이 문제로다"는 말이 중요했다. 이 시대에서는 "양심이냐 양식이냐 그것이 문제로다"라고 말하고 싶다.

거지떼로 살지언정 거짓떼로 살지 않기를 원하는 마음은 이 시대의 지나친 낭만이고 사치스러운 고민인가?

족구하러 갔더니 한국을 방문하고 돌아오신 회장님이 말했다.

껌 하나 씹으실래요?

받고 보니 껌 이름이 "특껌"이다.

너는 거짓된 풍설을 퍼뜨리지 말며 악인과 연합하여 위증하는 증인이 되지 말며 다수를 따라 악을 행하지 말며 송사에 다수를 따라 부당한 증언을 하지 말며(출 23:1, 2).

Do not spread false reports. Do not help a wicked man by being a malicious witness. Do not follow the crowd in doing wrong. When you give testimony in a lawsuit, do not pervert justice by siding with the crowd.

우리 교회 성도들 읽을꺼리 1

6. 걸림돌과 디딤돌

걸림돌이 있으면 디딤돌이라고 생각하라.
돌이 문제가 아니라 태도가 문제이다.

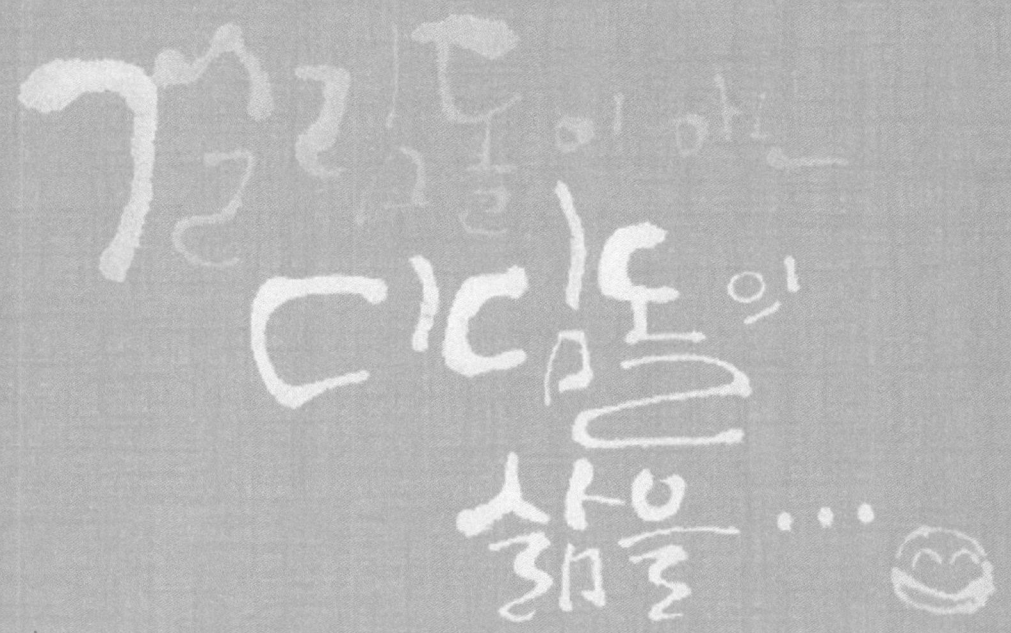

에드먼턴의 현재 기온이 영하 20℃이다. 이곳에서 살면서 지금까지 가장 많이 들은 질문은,

그 추운 곳에서 어떻게 살아요?

하는 것이었다.

글쎄요, 요즈음 그래도 온난화 현상 때문인지 괜찮아요.

하고 습관적으로 대답했는데 곰곰이 생각해 보기도 했다.

내가 여기 왜 살까?

그 질문에 대한 두 가지 답변을 얻었다. 한 가지는 내가 날씨에 따라 사는 사람이 아니고 하나님의 인사배치에 따라 사는 사람이라는 사실이다. 또 한 가지는 좋은 사람들이 살기 때문이라는 사실이다. 날씨가 춥다고 소문이 나다 보니 돈 많고 편하게 살려는 사람은 이곳을 떠나 남쪽으로 남쪽으로 내려갔다. 그러다 보니 남아있는 사람들은 이곳의 직장 아니면 안 된다고 여기며, 성실하게 추우나 힘드나 견디며 사는 착한 서민들이 대부분이다. 이렇게 착한 사람들이 있어서 산다. 날씨조차 생각을 고치고 태도를 바꾸니 이곳이 얼마나 정겨워지는지.

토마스 카알라일(Thomas Carlyle)이 말했다.

길을 가다가 돌이 나타나면 약자는 그것을 걸림돌이라 하고

강자는 그것을 디딤돌이라고 한다.

한 해 동안 살아 가면서 힘들게 하는 사람, 힘들게 하는 문제, 힘들게 하는 환경조차 디딤돌이라 여긴다면 그 다음이 달라진다. 걸림돌이라고 생각하면 없애 버리고 싶고 제거하고 싶지만 디딤돌이라고 생각하면 다시 보고 다시 놓아 딛고 일어설 것이다.

세계적 유가폭락에 직격탄을 맞은 것이 알버타주이다. 이미 2015년과 2016년을 잃었으니 흉년 3년째이다. 한국 어른들은 IMF 시대 같다고 말한다. 포트 맥머리의 주수입원인 오일샌드(oil sand) 수입 비중이 높았던 탓이다. 새로 기술이민 온 가족들은 아직 영주권을 받기도 전에 흉년을 맞았으니 눈앞이 캄캄하다. 지난해는 25명의 아빠들이 레이오프(lay off) 되었으니 실상은 100명의 가족들이 레이오프 된 것이다.

이민 정착에 걸림돌이 될 것인가?

민간인 국정농단의 직격탄을 맞은 것은 대한민국이다. 2014년 세월호 침몰부터 휘청거렸으니 농단 3년째이다. 한국 어른들은 이게 나라냐고 말한다. 나라와 결혼했다는 순정을 믿었던 탓이다. 새로 아기를 낳은 사람은 이 나라에서 못 키우겠다고 난리고, 이미 낳은 부모들은 더 낳기를 거부한다. 지난해는 마침내 국회 탄핵이 결정되고 이제 헌법재판소의 판결을 하루 앞두고 있다.

나라의 역사에 걸림돌이 될 것인가?

정신과 닥터인 칼 매닝거(Karl Menninger)는 이렇게 말했다.

사실보다 태도가 더 중요하다.

(Attitude is more important than facts.)

　나를 아프게 하는 모래알도 품는 태도에 따라 진주가 된다는 말이다. 어려움을 겪는 알버타도 혼란 속에 있는 조국도 좋아질 것이다. 현재의 어려움을 디딤돌 삼아 더 풍요로운 주, 더 풍요로운 나라를 만들어 낼 것이다.

　푹푹 빠지는 이 에드먼턴의 눈도 계속 밟으면 길이 되는 것처럼.

　　내 형제들아 너희가 여러 가지 시험을 당하거든 온전히 기쁘게 여기라(약 1:2).

　　Consider it pure joy, my brothers, whenever you face trials of many kinds.

우리 교회 성도들 읽을꺼리 1

7. 결혼과 결론

결혼은 사랑의 결론이 아니라 서론이다.

토론토에서 목회할 때였다. 우리 교회 가족과 친척이신 어떤 분의 장례식에 참석하게 되었다. 그런데 순서지를 보고 깜짝 놀랐다. 그분의 연수가 104세였다. 그만한 연세를 향유하신 분의 장례식은 처음이었다.

어떤 분이었을까?

궁금한 마음으로 열어 놓은 관에 누워 계신 그분을 뵈었다. 작은 체구를 가지신 분이었는데 유가족을 통해서 장수의 비결을 들었다.

평소에 낙천적이셨던 분,

매일 한두 시간씩 산책하셨던 분,

음식을 규칙적으로 드시고 소식하셨던 분,

차분히 신앙생활을 하셨던 분,

그리고

금슬이 좋으셨던 분이라고 했다.

남은 미망인이신 할머니께서는 97세였다. 두 분은 그 해로 결혼 78주년을 맞으셨다고 했다. 7년, 8년 부부로 사는 것도 힘들어 하는 요즈음 그것 역시 경이로운 사실이었다. 단편 소설만 보다가 세계적인 장편 소설의 마지막 장을 읽은 기분이 들었다.

연애할 때는 결혼하면 다 되는 줄 안다.

그러나 연애는 달콤한 제목이다. 그리고 결혼은 사랑의 결론이 아니라 서론이다. 그리고 생생한 현실 속에서 두 사람이 미운정, 고운정 들어가며 함께 써가는 것이 본론이다. 또 한 사람이 먼저 떠나고 남은 한

쪽이 남기는 삶은 에필로그이다.

한 때 여느 사람이나 흥얼거렸던 이진관 씨의 "인생은 미완성"이라는 노래가 생각난다. 이진관 씨의 곡도 김지평 씨의 가사도 좋았다.

인생은 미완성, 쓰다가 마는 편지
그래도 우리는 곱게~ 써가야 해

사랑은 미완성, 부르다 멎는 노래
그래도 우리는 아름답게 불러야 해

사람아 사람아 우린 모두 타향인걸
외로운 가슴끼리 사슴처럼 기대고 살자

인생은 미완성, 그리다 마는 그림
그래도 우리는 아름답게 그려야 해

친구야 친구야 우린 모두 나그넨 걸
그리운 가슴끼리 모닥불을 지피고 살자

인생은 미완성, 새기다 마는 조각
그래도 우리는 곱~게~ 새겨야 해.

대학을 올해 졸업하는 친구의 딸이 며칠 전에 캐나다에 왔다. 이런 저런 이야기를 하는 중에 남자친구가 없다고 하길래 기대치를 물었더니 두 가지를 이야기했다.

키는 컸으면 좋겠어요.
그리고 나만 바라봤으면 좋겠어요.

아내와 나는 서로 바라보면서 웃음을 터트렸다. 그 웃음의 의미는 사랑의 서론이나 본론을 쓰기 전에 연필 고르는 법부터 가르쳐야 되는 막막함 바로 그런 느낌이었다.

네 헛된 평생의 모든 날 곧 하나님이 해 아래서 네게 주신 모든 헛된 날에 사랑하는 아내와 함께 즐겁게 살찌어다 이는 네가 일평생에 해 아래서 수고하고 얻은 분복이니라(전 9:9).
Enjoy life with your wife, whom you love, all the days of this meaningless life that God has given you under the sun— all your meaningless days. For this is your lot in life and in your toilsome labor under the sun.

8. 고물과 보물

누구에게는 고물처럼 보이는 것이
누구에게는 보물이다.

몇 년 전에 어머니의 부고를 듣고 한국으로 날아갔다. 장례 후에 대부분의 짐을 정리하고 남은 몇 가지 유품을 형제들이 나누는 시간이 있었다. 살아 계실 때는 집안 구석구석에 물건들이 많았다. 낡아서 유행에 처지는 옷이나 쓸모없어 보이는 물건들도 있었다.

아이구, 이거 쓸데없어 보이는데 좀 버리지….

하고 고물 취급을 할 때면,

이거는 언제, 어떤 일로 산 것이고, 또 저거는 무슨 일로 받은 건데….

하시면서 보물처럼 모아 두셨다. 한국 전쟁 같은 어려운 시대를 겪으면서 힘들게 사셔서 그런가 보다 싶기도 했지만 귀찮아 보이기도 했다. 이제는 오히려 그 물건들이 다시는 만져보지 못할 어머니의 손때가 묻은 보물처럼 여겨진다.

인간은 의미로 사는 존재라고 했던가?

똑 같은 물건이라도 어떤 이가 어떤 의미를 부여하느냐에 따라서 그것이 고물이 되기도 하고 보물이 되기도 하니 말이다.

아들 녀석의 경우도 있었다. 저녁에 집에 왔는데 아들 녀석이 울어서 눈이 퉁퉁 부어 있던 적이 있었다. 무슨 일이냐고 물었더니 아내가 설명을 했다.

아들이 학교에 간 사이에 집안 정리하느라 몇 년 동안 가지고 놀아서 때가 꼬장꼬장하고 여기저기 실밥이 터져서 솜이 삐져 나오는 강아지 인형을 버렸는데, 그것 때문이라고 했다. 아들 제 딴에는 이사를 가고 외로울 때도 늘 함께했던 강아지 인형이 위로가 되었던 모양이었다.

같이 손잡고 쓰레기통에 가자고 했더니 벌써 가서 몇 번이고 찾았는데 없었다고 하면서 또 울먹였다. 새 인형을 사 주겠다고 해도 고개를 절래절래 흔들면서 울었다. 함께했던 시간과 추억이 아무리 낡아져도 버릴 수 없는 보물이었던 모양이다.

비행기 타고 멀리 와야 볼 수 있었던 불효자는 이번에도 많은 유품을 가져 올 수 없어서 주민등록증 하나를 챙겼다. 빛바랜 주민등록증이지만 희미한 사진이라도 볼 수 있어서 나에게는 새로운 보물이 되었다. 혹시라도 이다음에 아이들이 나의 물건들을 정리하다가 어머니의 주민등록증을 버릴까 봐 말이라도 해 놓아야겠다. 이 세상 사람들의 눈에는 어떻게 보이든지 나에게는 하나밖에 없는 보물이기에.

엄마, 지켜주지 못해 미안해요.

십자가의 도가 멸망하는 자들에게는 미련한 것이요 구원을 받는 우리에게는 하나님의 능력이라(고전 1:18).

For the message of the cross is foolishness to those who are perishing, but to us who are being saved it is the power of God.

9. 군림과 울림

통치자의 도리는 군림이 아니라
울림이다.

요즈음 예배 때마다 성도들과 빠트리지 않고 함께 기도하는 제목
이 있다.

"혼란스러운 조국 위에 주의 은혜를 베풀어 주시기를….."

모든 국민이 공감하는 완벽한 울림으로 행정하는 지도자는 없지만
국민들 위에 군림하는 지도자는 더 있을 수 없다.

지금껏 역대 대통령과 대기업 총수들을 보면서 참 모범되는 이들
이 적구나 싶다. 국민들이 모아 준 권력과 돈의 힘은 마땅히 군림을
위한 몽둥이가 아니라 평안을 위한 지팡이로 사용했어야 했다. 돈이
든지 권력이든지 갑질은 역사 앞에서의 삽질이다. 태평양을 사이에
두고 봐서 대한민국이라는 숲을 더 잘 보는 것인지 모르겠다.

얼핏 보이는 안타까운 상황을 적어 보면 이렇다.

졸업장이 실업장이 되는 경제 상황

진리를 왜곡함에 질리는 교육 상황

치욕을 추억이라 여기는 외교 상황

일혼이 이혼되고 재혼하고 삼혼되는 가정 상황

힐링을 바랐더니 킬링하는 정치 상황.

국민의 흐름과 역사의 흐름을 거스름이 갑질이다.

200여 년 전에 다산 정약용은 공직 생활을 잘하는 마음의 원칙으
로 두려워할 외(畏) 자를 말했다.

의를 두려워하고(畏義),

법을 두려워하고(畏法),

상관을 두려워하고(畏上官),

백성을 두려워하면(畏小民).

올바른 행정사무를 감당할 수 있어서 울림의 정치를 할 수 있다고 보았다. 2000년대의 군림 정치와는 매우 거리가 멀어 보여 안타까움을 더한다.

십수 년 전 처음 캐나다에 왔을 때, 왜 그리도 가난했던 시절의 한 울림을 추억하게 된다. 14층 아파트 한 칸에 아이들 둘과 네 식구가 첫 겨울을 맞았는데 어지간히 추웠다. 최저 기온이 영하 45℃로 내려가는 첫 겨울의 에드먼턴에서 차도 없이 셀폰도 없이 신용카드 한 장 없이 살았다는 자체가 하나님의 은혜였다. 또 사모가 뭐하는 사람인지도 잘 모르고 결혼했다는 아내가 10여 년째 아이 둘과 함께 버텨주는 그 따뜻한 마음의 온기로 살았다.

그 고마움을 표현하는 감동의 이벤트를 하고 싶었지만 꽃 한 송이 사줄 형편이 못되는 나날이 이어졌다. 그러던 어느 눈꽃이 만발했던 아침에 새벽기도를 마치고 눈 덮인 들판에 글씨를 새겼다. 두 발로 찍고 찍어서 가족들의 이름과 하트 모양을 만들었다. 14층 아파트에서 잘 보이도록 가능하면 크고 크게 만들었다.

그런데 정작 그 감동의 울림은 미소만 짓고 있는 아내를 비껴가서 9층을 흔들었다. 영어 훈련하러 와있던 선교사의 와이프가 감동을 받고 당신도 나가서 눈에 글씨 좀 새겨 보라고 옆구리를 쑤셔 댔다니까 말이다.

결혼 20년이 훌쩍 지나도 같이 살아주고 버텨주는 이유가 어쩌면 그때의 작은 감동, 긴 울림 때문인지도 모른다. 내게는 아내가 국민이다. 아내의 가슴을 공명하게 하는 것과 국민의 가슴을 공명하게 하는 것이 다를까?

굳이 돈이 아니어도 화려한 이벤트가 아니어도 진심을 진실하게 전하면 큰 울림으로 하나가 될 텐데.

그러므로 예수께서 다시 이르시되 내가 진실로 진실로 너희에게 말하노니 나는 양의 문이라(요 10:7).
Therefore Jesus said again, "I tell you the truth, I am the gate for the sheep.

우리 교회 성도들 읽을거리 !

10. 금식과 끔찍

금식은 상황이
금식보다 끔찍할 때 하는 것이다.

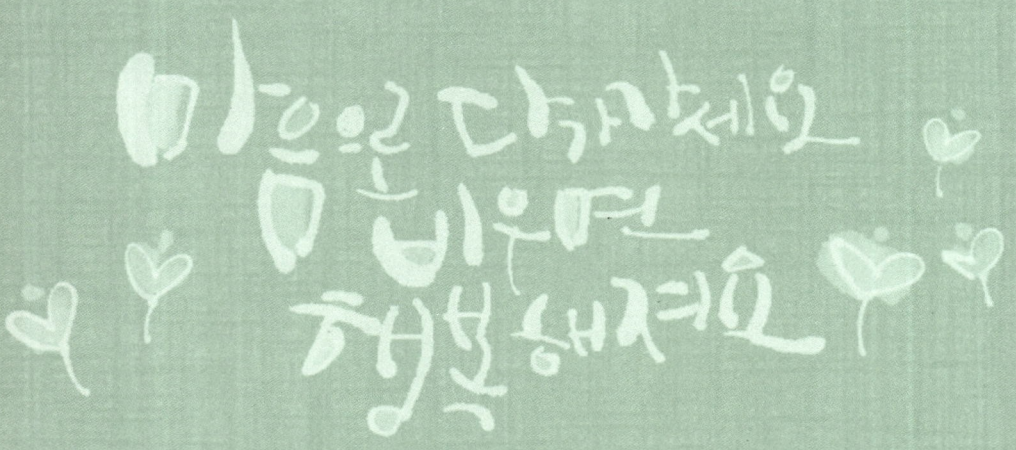

2016년에는 성도들과 3일씩 두 번에 걸쳐서 금식기도를 했다. 한 번은 포트 맥머리에 산불이 나서 집 1200여 채가 다 타버리고 인구 8만 명이 하루만에 도시 전체를 비웠을 때였다. 비가 아니면 이 불을 끌 수 없다는 기사를 보고 하늘의 비를 내리시는 하나님께 기도했다. 그때 그 영상은 참으로 끔찍했기에 우리는 금식했다. 3일째 마지막 날 밤에 폭우로 쏟아지던 그 밤을 아직도 잊지 못한다.

또 한 번은 9월에 캐나다 장로교 소속의 한카 서부 노회장이 되는 달이어서 금식하게 되었다. 캐나다는 이미 동성애가 합법화된 나라다. 하지만 각 우리 장로 교단에서는 종교적 양심선언으로 그 입장을 달리해 오고 있었는데 이제 내년 총회(6월)에서 투표를 하게 된 것이다. 950여 개 교회를 45개 노회로 구성하여 총회를 이루고 있는데 지금까지 공식적으로 노회의 이름으로 반대 의사를 결의하여 총회에 보낸 노회는 우리 노회밖에 없다.

이런 시점에서 노회장이 된다는 것은 참으로 용기가 필요하고 중요한 역할을 해야 한다고 생각이 되어 금식하며 기도했다. 창조의 원리, 생명의 원리, 아름다움의 원리를 부정하는 결정을 앞두고 있는 이런 끔찍한 시대에 금식하지 않을 수가 없었다.

하나님께서는 금식을 남발하고 그 행위 자체만으로 자랑하며 의로 여기는 일부 종교인들을 향해 말씀하셨다.

> 내가 기뻐하는 금식은 흉악의 결박을 풀어 주며 멍에의 줄을 끌러 주며 압제 당하는 자를 자유하게 하며 모든 멍에를 꺾는 것이 아니겠느냐(사 58:6).

내가 만난, 동성애로부터 벗어난 사람은 눈물을 흘리며 이렇게 말했다.

동성애를 합법화하고 인정하는 것은 동성애자들을 진짜 도와주는 것이 아니예요.

반대로 2년 전 내가 참석했던 총회의 어느 테이블에 참석한 사람은 얼굴을 붉히며 이렇게 말했다.

동성애자들은 죄인이 아닙니다.

갑론을박이 한창인 이 시대에 무엇이 참 평등인지, 무엇이 참 존중인지, 무엇이 동성애자들을 도와주는 것인지를 더욱 고민해 보기를 제안하고 싶다.

결정하기 전에 금식이라도 해 보고 투표했으면 한다. 질주하는 본능이라는 열차를 평가하려면 그 열차에서 잠시라도 내려야 제대로 보고 평가할 수 있기에 금식이 필요하다.

성욕보다 더 근본적인 식욕의 본능을 잠시 멈추면 혹시 더 잘 보일지 누가 아는가?

그러므로 우리가 이를 위하여 금식하며 우리 하나님께 간구하였더니 그의 응낙하심을 입었느니라(스 8:23).

So we fasted and petitioned our God about this, and he answered our prayer.

II. 금지와 긍지

금지된 법을 지키는 이유는
긍지여야 한다.

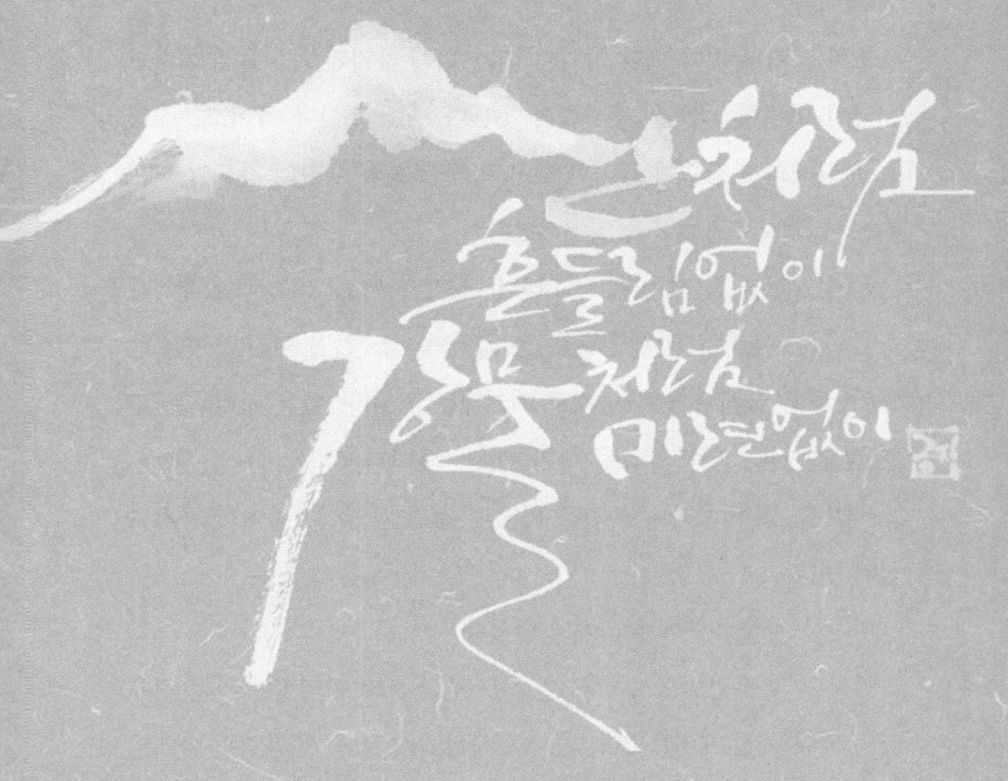

얼마 전에 국제올림픽위원회(IOC)는 소치 올림픽에 참가한 러시아 선수 28명에 대한 징계 절차를 시작했다고 발표했다. 러시아 정부가 소치 올림픽 이전부터 정부 차원에서 조직적으로 금지약물을 투여했던 의혹이 있었다. 이에 캐나다 법학 교수 리처드 맥라렌(Richard McLaren)이 이끄는 세계반도핑기구(WADA) 독립위원회는 국제올림픽위원회가 제공한 러시아 선수의 소변 샘플 95개를 조사했다. 이 조사를 통해 28명의 선수가 샘플을 바꿔치기 했다는 증거를 발견함에 따라 러시아 국립 도핑방지위원회(RUSADA) 위원장이 이를 시인하게 된 것이다.

소치 올림픽 최다 메달 국가가 되기 위해 금지된 약물을 투여하면서까지 이룩한 업적은 긍지롭지 못했다. 톨스토이나 차이코프스키 등 문화계의 거장들이 즐비한 역사 속에 문화와 예술의 강국인 러시아는 그 긍지로운 마음을 잃어버렸다.

금지된 일을 할 때 이미 그 마음은 음지가 되고 그 결과는 헤어나올 수 없는 늪지가 된다. "호랑이는 굶어 죽어도 풀을 먹지 않는다"는 말이 있다. 금지된 법은 긍지로 지켜내는 것이다. 법을 지켜내는 수준 정도가 자기 인격의 수준을 가늠하게 해 준다.

"악법도 법이다"라며 독잔을 마셨던 소크라테스는 죽어도 긍지로 살아 있다.

비슷한 예가 최근에 한국에서 있었다.

역사 속의 유명인으로 남게 된, 최서원(최순실) 씨의 딸이라는 정유라의 이대 학점 게이트였다. 한국 역사상 최초로 동계 올림픽 금메달리스트가 된 김연아는 낙제 점수를 받아 가면서까지 학업과 선수생활을 병행했다. 하지만 정유라는 출석도 하지 않았음에도 불구하고 높은 점수를 받았다. 김연아나 정유라의 수준 차이가 생겼을 뿐 아니라 고려대와 이화여대 동문들의 긍지에도 차이가 생겼다.

국회 특별 청문회에 나와서 조사를 받은 대부분의 사람들이 의사, 변호사, 교수들이었다. 그 직책만으로도 긍지로운 사람들이었지만 권력과 이기적인 삶의 유지를 위해 긍지를 버림으로 초라하기 짝이 없는 사람이 되었다.

우리는 긍지로 살아야 한다. 안중근 의사처럼 손가락을 잘라 굳이 "대한국인"이라는 혈서를 쓰지 않아도 한국인의 긍지로 살아야 한다. 또한 신앙인으로 살아야 한다. 기독교인이 개독교인이라고 부끄럽게 불리우는 것은 긍지를 잃어버리고 금지된 일을 행해 왔기 때문이다.

그리고 우리 모두는 적어도 인간됨의 긍지로 살아야 한다. 의미로 가족이 되고 의미로 교회나 국가 공동체를 이룰 수 있는 유일한 존재로서 인간답게 살아야 한다.

러시아 선수단의 약물 게이트로 소치 올림픽의 수상 순위가 바뀔 수도 있다고 하니 때 아닌 기대가 된다. 대한민국의 긍지가 된 김연아 선수에게 2002년 밴쿠버 동계 올림픽에 이어서 엄지를 척 들어 주고 싶다.

> 너는 이스라엘 자손의 온 회중에게 말하여 이르라 너희는 거룩하라 이는 나 여호와 너희 하나님이 거룩함이니라 (레 19:2)
> Speak to the entire assembly of Israel and say to them: "Be holy because I, the LORD your God, am holy."

12. 기도(祈禱)와 기교(技巧)

"기도"는 "기교"가 아니다.
기도는 진심이다.

몇 해 전의 일이다. 아내가 한국에 간 사이에 두 자식을 먹여 살려야 하는 중요한 임무가 생겼다. 서양 음식이 입에 밴 녀석들에게 내가 해 줄 수 있는 것은 거의 없었다. 그렇다고 한식을 잘하는 것도 아니고…. 비장의 무기는 "라면"밖에 없었다.

여느 날처럼 이랑이를 학교에서 태워 왔다.

배고프니?
응.
라면 끓여 줄까?
응.

사춘기에 막 접어든 아들의 대답은 짧았다. 외국에서 최고의 고향 맛을 느끼게 하는…그…매운 라면(특정 상호를 말할 수 없기에)을 넣고 파, 김치, 마지막에 계란까지 톡 깨어 넣었다. 그야말로 사랑하는 아들을 위해 최선을 다했다.

이랑아, 라면 먹자!

방에서 밍그적거리며 나왔다. 식탁에 가까이 올수록 코를 실룩실룩거리더니, 한 마디 했다.

아빠, 계란 넣었나?
응, 그래야 영양이 풍부해지거든.

아이 참 아빠, 나 라면 먹을 때 계란 넣는 것 안 좋아하는데.

아들은 한 젓가락도 입에 대지 않고 뒤도 돌아보지 않고 자기 방으로 들어갔다.

고맙다는 말은 못할망정…이런 놈의.

냄비에서는 라면이 끓었고, 내 속에서는 용암이 끓었다. 결국, 식탁에 앉아서 혼자 두 손을 모았다. 기도를 하려는데 계속 속이 부글거렸다.

주님, 끓여 줘도 지랄입니다.
아멘.

미안했던지 기도하는 중에 식탁 가까이 다시 와 있는 이랑이가 또 한 마디 했다.

아빠, 기도를 그렇게 하면 어떡해?
야 임마, 기도는 본래 이렇게 하는 거야, 시편을 봐라.
라면이나 묵어라 짜샤.

때때로 그때 일이 생각나서 혼자, 웃음 짓는다.
내 평생 기도를 해 왔지만 아마도 그때 그 기도가 어쩌면 가장 정직한 기도가 아니었을까?

기도는 내 마음을 열어 제껴 하늘을 향하는 것이다. 달라는 것이 아니라 보여 드리는 것이다. 은혜의 빛에 눅눅했던 내 마음을 쪼여 뽀송뽀송하게 하는 것이다.

기교는 나의 것, 기도는 주의 것.

특히, 사람들 앞에서는 더욱 조심해야 한다. 자꾸, 더 가리게 되니까. 잘하리라는 생각은 버리고 진심을 진실하게 나누는 것이다.

> 하나님은 영이시니 신령과 진정으로 기도할찌니라.

그 일 이후로 응답된 기도는 이랑이의 기도인 것으로 보인다. 이랑이와 같이 라면을 먹을 때 뿐 아니라 나 혼자 먹을 때도 계란을 넣지 않게 되었으니 말이다. 내 입맛이 바뀌어서 가정의 평화가 임하게 하신 것이다.

> 지금까지는 너희가 내 이름으로 아무 것도 구하지 아니하였으나
> 구하라 그리하면 받으리니 너희 기쁨이 충만하리라(요 16:24).
> Until now you have not asked for anything in my name. Ask
> and you will receive, and your joy will be complete.

우리 교회 성도들 읽을거리 !

13. 기억과 기록

"머리를 믿지 말고 손을 믿어라!"
(기억을 믿지 말고 기록을 믿어라)

아름다운 가을이다. 해마다 가을은 다른 느낌이다.

지난해는 어땠을까?

생각을 해도 생각나지 않고 느껴지지 않았다. 지난해 적어 두었던 글을 찾아 보니, '아하 이랬구나, 그랬구나.' 느낌까지 소록소록 살아난다. 역시 기록해야 한다. 자연은 사진으로 찍지만 생각과 느낌은 글로 찍는다.

> 너는 이 율법의 모든 말씀을 그 돌들 위에 분명하고 정확하게
> 기록할지니라(신 27:8).

약속하신 가나안, 전설처럼 아버지로부터 들어 오던 가나안 땅을 딛게 되면 하라고 하셨다. 본격적인 하나님의 백성으로 살려면 하라고 하셨다.

예배하라고 하신 것이 아니라 먼저 기록하라고 하셨다.

> 맨 먼저, 다듬지 않은 큰 돌을 세우고
> 하얀 석회를 바른 다음에
> 조목조목,
> 분명하게,
> 새기라고 하셨다.

C. S. 루이스(C. S. Lewis)는 『우리가 얼굴을 찾을 때까지』(*Till We Have Faces*)에서 이렇게 말한다.

글을 쓰는 행위(기록) 자체가 자신을 치유하는 능력을 지니고 있으며 하나님을 만나는 회심의 여정이 된다

헨리 나우웬(Henri Nouwen)은 『영성 일기』에서 말한다.

글쓰는 일이 내게는 정신을 집중하고 수많은 생각들과 느낌들을 또렷하게 정리하는 데 대단히 효과적인 방편이 된다는 사실을 절감한다. 일단, 종이 위에 펜을 대고 한 시간이나 두 시간 동안 글을 쓰고 있노라면 조화와 평화가 실질적으로 느껴져 온다. 그리고 말씀 속에서 하나님을 찾기 위해 자주 기록을 한다.

우리의 위대한 선조, 다산 정약용 선생님도 말씀하셨다.

머리를 믿지 말고 손을 믿어라.

김기현 목사님의 『글쓰는 그리스도인』을 응용하여 "기록하는 영성, 선언문"을 적어 남긴다.

예수의 공동체는
예수를 기억하고
예수를 기록하는 공동체다.
교회는 예수를 말하고

성도는 예수로 살며

신앙은 예수를 새겨

자신과 세상을 구원하는 삶이다.

몇 년 전의 가을, 찍어 놓았던 생각과 느낌이 있다.

가을 만큼

가을 만큼 물들어라.

가을 만큼 깊고

가을 만큼 풍성하고

가을 만큼 배불러라.

가을 만큼 다양하고

가을 만큼 넉넉하고

가을 만큼 사랑하라.

가을 만큼 높고

가을 만큼 그리워 하고

가을 만큼 용서하라.

가을 만큼 그리하라.

가을 만큼 그 만큼

가을 만큼 익어가라.

2012/ Oct.

가을만 깊어 가네

아직, 못 다 물들었는데
아직, 못 다 영글었는데
날씨는 점점 추워지고
해는 점점 짧아지고
나는 아직 빈 가슴인데…
가을만 깊어 가네.
가을만 깊어 가네.

2012/ Sep.

가을엔, 물들고 싶습니다

당신의 사랑으로
빨갛게.
당신의 호흡으로
투명하게,
당신의 말씀으로
노랗게,
세찬 서리 한 방울에도
그리 떠는 나이지만,
가을 햇살 한 자락에
잠시라도 반짝이는
당신의 빛깔이고 싶습니다.

2012/ Sep.

가을 예찬

가을이 없었다면

여름의 뜨거움에서 겨울되는 그 차가움을

어떻게 견딜까?

가을이 없었다면

그 여름의 풍성함에서 겨울되는 그 배고픔을

어떻게 견딜까?

가을이 없다면

그 여름의 자랑스러움에서 겨울되는 그 부끄러움을 어떻게

견딜까?

아, 가을이여

초록빛과 겨울빛 사이에 선 황금빛이여

겨울을 대비하는 지혜로운 준비여

봄을 위해 살을 묻어 주는 사랑이여

가을,

예수의 또 다른 이름이여.

2012/ Oct.

또 네 집 문설주와 바깥 문에 기록하라(신 11:20).

Write them on the doorframes of your houses and on your gates.

14. 노안과 도안

세월이 갈수록 어두워지는 것은 노안(老眼)이고
밝아지는 것은 도안(道眼)이다.

어느 주일 예배 중에 성경의 글자를 읽기 힘들었다. 그래서 그날은 모니터를 보고 겨우 읽었다. 혹시나 싶어서 예배를 마치고는 교회에 상비되어 있던 돋보기 안경을 강단에 하나 두었는데 아니나 다를까 그 다음 주일에 정식으로 사용하게 된 것이다. 만감이 교차하기 시작했다.

'아, 나도 때가 된 것인가?' 싶기도 하고,

'아니야 이런 현상은 일시적인 거야' 하는 마음도 들었다.

평소에 어른들이(적어도 내 기준으로 보기에) 잘 안보인다고 하면서 돋보기 안경을 꺼내 쓰는 모습을 볼 때면 안쓰러운 마음이 들기도 했지만 '안 보인다는 게 어떤 느낌이지?' 할 만큼 시력이 좋았던 나로서는 굉장히 당황스러운 시간이 이어졌다.

노년대학에 강의가 있어서 갈 때마다 할머니들께서는 젊은 오빠로 불러주셨다. 그럴 때마다 그 어른들과는 많은 연륜의 거리가 있다고 생각했었는데 이제 그 거리가 멀지 않게 느껴진 것이다. 돋보기 안경을 쓰고 성경을 읽었다는 말을 들으신 어른들께서 한 마디씩 하셨다.

아, 자연스러운거여.

가는 세월, 그 누가 막을 수가 있나요?

그런 소리를 들으며 허전한 마음으로 오는데 근래에 부쩍 자주 듣는 다른 말들이 마음에 위로가 되었다.

저는, 목사님의 말씀이 참 좋아요. 좀 더 자주 봐요.

하시는 말씀이나 한 술 더 떠서,

제 장례식은 목사님께서 해주세요.

하시는 말씀들로 격려해 주셨다.
문득 마음에 정리가 되는 시간이 있어서 이렇게 기도하게 되었다.

주님, 세월이 가면 노안이 와서 점점 세상을 잘 볼 수 없게
되지만, 그 동안 읽었던 말씀을 더 묵상하여서 삶에 대한 도
안은 점점 밝아지게 하소서. 보이는 것보다 더 중요한 보이
지 않는 것들을 볼 수 있는 영안도 더 열어 주소서.

그 다음 노년대학에 갔을 때 이렇게 말할 수 있었다.

아버님, 어머님, 눈이 잘 안 보인다고 슬퍼하지만 마세요. 육
체에 노안이 오면 삶에 대한 도안은 점점 더 밝아진다는 뜻
이니까요.

했더니 모두들 고개를 끄덕이시며 박수를 치셨다.

우리가 주목하는 것은 보이는 것이 아니요 보이지 않는 것이니
보이는 것은 잠깐이요 보이지 않는 것은 영원함이라(고후 4:18).
So we fix our eyes not on what is seen, but on what is unseen.
For what is seen is temporary, but what is unseen is eternal.

15. 늙음과 낡음

우린 늙어가는 것이 아니라
조금씩 익어가는 겁니다.

- 노사연의 "바램" 중에서 -

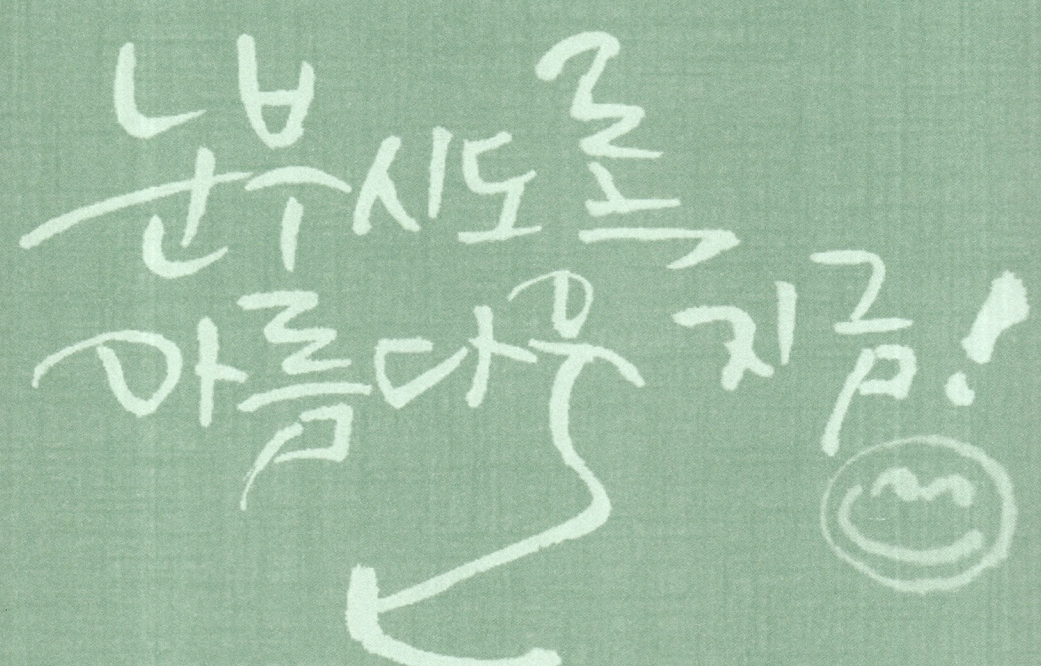

노년대학에 강의하러 갔었다. 강의에 앞서서 노래하는 시간에 참여하게 되었는데 좋은 노래를 알게 되었다. 노사연 씨가 부른 "바램"이라는 노래였다. 특히, 그 가사 중에서 마음에 드는 부분은, "우린 늙어가는 것이 아니라 조금씩 익어가는 겁니다"였다.

늙어감을 미화한 표현 중에 최고의 표현일 것이라 생각했다. 하지만 마음 한 켠으로는 왠지 짠한 마음이 들었다. 어른들께서 목청 높여 부르면 부를수록 왠지 더 슬펐다.

이 곳, 에드먼턴에 있는 알버타주립대학교 대학원에서 지질학을 가르치다가 정년 퇴임하신 집사님이 계셨는데 그분이 "인생도 산화되는 과정입니다"라고 한 적이 있다.

철이 녹슬어가는 것이 산화되는 과정이고 좀 더 빨리 이루어지는 것을 "불"이라고 할 수 있다고 했다. 그리고 인생은 "늙어 간다"라고 표현할 수 있다고도 했다.

인생의 노화를 과학자의 관점에서 표현한 것이 새로웠다.

어른들의 마음으로는 '녹슬어간다'는 것보다 '낡아간다'는 것이, 또 '낡아간다'는 것보다 '늙어간다'는 것이 더 좋게 여겨지는 모양이다. 무엇보다 제일 좋은 표현은 '익어간다'는 것인 모양이다.

사람은 세월에 상관없이 익는다. 나이보다 먼저 익는 사람이 있고 나이보다 늦게 익는 사람도 있다. 조생종이든 만생종이든 익어간다면야 더 바랄 것이 없다.

신학대학원 다니던 시절에 입버릇처럼 동료 전도사님들과 침을 튀

기면서 입에 담았던 말이 있다.

> 나는 녹슬어 없어지기보다는 닳아서 없어지기를 원한다. 그
> 리고 마귀를 위해 살찌기보다는 하나님을 위해서 굶는 편을
> 선택하겠다.
>
> — 루 잉글의 『부흥의 우물을 파라』 중에서 —

인생이 무엇인지도, 늙어가는 것이 무엇인지도 몰랐지만 생명 그릇에 담으신 사명을 위해 전력질주하며 살고 싶었던 열정이 충만했었다.

이제 50의 정상에 올라보니 생각이 조금 달라졌다. 녹슬어가는 것도, 닳아가는 것도 주님의 섭리에 있다고 고백하게 된다. 늙는다, 낡는다는 것도 인간의 관심사이지 주님의 관심사는 아니기에 세월 따라 떨어지는 낙엽도 아름답다.

"바램"이라는 노래가 너무 좋으니 다시 한 번 하자는 어른들의 '바램'으로 다시 부른다.

> 지친 나를 안아 주면서…
> 사랑한다…정말 사랑한다는 그 말을 해 준다면….

사실은 음정도 목청도 오히려 한껏 설익은 모습이지만 아름답다. 내 어머니, 내 아버지들이시기에 '익어간다'는 표현도 모자랄 만큼 아름답다.

"익어가는 것 좋은데요, 다음 노년대학에 나오실 만큼만 익으세요"
하니 "아, 그렇지!" 하며 박장대소하신다.

> 의인은 종려나무 같이 번성하며 레바논의 백향목 같이 성장하
> 리로다. 이는 여호와의 집에 심겼음이여 우리 하나님의 뜰 안에
> 서 번성하리로다. 그는 늙어도 여전히 결실하며 진액이 풍족하
> 고 빛이 청청하니(시 92:12-14).
>
> The righteous will flourish like a palm tree, they will grow like
> a cedar of Lebanon; planted in the house of the LORD, they
> will flourish in the courts of our God. They will still bear fruit
> in old age, they will stay fresh and green.

우리 교회 성도들 읽을거리 1

16. 내 자리와 제 자리

내가 고집하는 내 자리와
주님이 예비하신 제 자리가 있다.

'JESUS fan club 청소년선교회'를 시작할 때였다. 기독 청소년 문화 공간, '사람이 자라는 땅'을 위한 준비 사역은 어려웠지만 은혜롭게 진행되었다. 50평 공간의 보증금도 마련되었고 내부 시설도 하나씩 완성되어 갔다.

그런데 마지막 한 가지 중요한 과제가 남게 되었다. 누가 그 곳의 문을 열고 닫으며 지속적으로 관리하고 섬길 것인가 하는 것이었다. 방문하는 모든 이들을 예수님의 이름으로 잘 대접하되 맛있는 음료도 만들어 낼 수 있는 사람이면 좋겠다고 함께 기도하였다.

그 무렵, 섬기는 교회 어느 권사님의 막내 딸이 다른 지방에 살다가 돌아왔다고 했다. 28살 난 자매. 고등학교를 마치고 집을 떠나서 거의 전국을 다니며 살았단다. 처음 만났을 때 그 자매는 125cc의 손잡이가 높은 북미 스타일의 할리 오토바이를 타고 나타났다. 그 당시로는 상상도 못할 모습이었다.

그 자매가 이 모임이 재미있다고 들었다면서 기도 모임에 참석하기 시작했다. 여전히 오토바이를 타고 다녔고 머리는 늘 단풍처럼 물이 들어 있었다. 그런데 그 자매가 어느 날 그곳을 자신이 섬겨도 되겠냐고 조신하게 물었다.

나중에 들어서 알게 된 사실들이 더욱 흥미로웠다. 그 자매는 이미 바리스타, 칵테일 자격증을 가지고 있었다. 아무 월급이 없는 그 자리를 기쁨으로 섬기기 시작했다. 뿐만 아니라 큰 태도의 변화를 경험했다고 했다. 자신의 삶 가운데 무엇을 결정하기 전에 부모님에게 미리 허락을 받은 적이 없었는데 이번에는 허락도 받았다는 말을 했다.

28년 만에 처음으로 부모님 앞에 무릎을 꿇고 허락해 달라고 말씀

드렸더니 오히려 부모님께서 감동하시더라고 했다. 그 후로 약 3년간 한결같은 마음으로 섬겼다. 여전히 출퇴근은 그 멋있는 오토바이를 타고 다녔다. 하나님은 말괄량이 길들이기에 있어서도 달인이셨다.

캐나다에 와서도 제 자리를 찾은 분을 보았다. 밴쿠버 아일랜드에 있는 던칸이라는 도시에서 캐나다 원주민 사역을 하시는 조용완 선교사님이다. 지난 주일에 그 목사님의 사진을 성도들에게 보여주며 손을 들어 보라고 했다.

　　이 분은 누구일까요?
　　한국인?
　　원주민?
　　한국인과 원주민의 혼혈?

성도들은 1번에 10% 정도, 2번에 15% 정도 손을 들었고 나머지는 75%는 3번이라고 했다. 눈물이 찔끔 날 정도로 웃었다. 하나님은 선교를 보내실 때 믿음이나 언어 능력을 예비하기도 하시지만 때로는 외모를 먼저 예비하시기도 하시나 보다. 제 자리를 찾아 순종하며 그곳에 머물 때 하나님의 능력이 임하고 많은 열매를 맺게 된다.

누구나 자신이 가고 싶어 하고 머물고 싶어 하는 내 자리가 있지만 하나님께서 가라고 하시고 머물라고 하시는 제 자리가 있다. 내 자리만 고집하지 말고 제 자리를 찾아 가는 것이 지혜이다. 아브라함이 그랬고 모세가 그랬고 바울이 그랬다.

여호와께서 아브람에게 이르시되 너는 너의 고향과 친척과 아

버지의 집을 떠나 내가 네게 보여 줄 땅으로 가라(창 12:1).

The LORD had said to Abram, "Leave your country, your

people and your father's household and go to the land I will

show you.

17. 단임 목사와 담임목사

부흥하는 교회의 특징 중 하나는
"단임 담임목사"보다 "장임 담임목사"이다.

감사합니다.

다음 해의 정책 당회를 앞두고 31년 동안의 당회록을 보았다. 그 내용이 방대하기에 마음을 단단히 먹고 보았다. 그 중에 인상적인 부분이 있길래 몇 번 확인을 했는데 그 과정에 혼자 깔깔대고 웃었다.

어느 해의 서기를 맡으신 장로님께서 "담임목사"라고 해야 하는 것을 "단임 목사"라고 해 놓았다. 30년의 역사 속에서 6번째 목회자이니 누구도 5년을 넘기지 못했다. 의도는 없었겠지만 그 "단임 목사"라는 표현이 굳이 틀린 것처럼 들리지는 않았다.

> 부흥하는 교회의 특징 중의 하나는 담임목사가 10년 이상
> 목회하는 교회입니다.
>
> — 교회 성장 연구소 —

한 목회자가 담임 목회를 길게 한다는 것이 쉽지 않다. 목회자도 잘 섬겨야 하고 성도들도 잘 섬겨야 되는 것이다.

> 보통,
> 숫적으로 부흥 못하면 성도들에 의해 떠나고
> 숫적으로 부흥 하면 목회자의 자의로 떠나는데…
> 사실은,
> 숫자 이전에 목회자와 성도와의 관계가 정립되어야 한다.

요즈음 한 교회에서 20년 이상 목회하시고 은퇴하시는 선배님들이 더욱 존경스럽다. 숫자에 상관없이 그 목사님과 그 교회 성도들 모두

에게 박수를 보내고 싶다.

> 네 양떼의 형편을 부지런히 살피며 네 소떼에 마음을 두라
>
> (잠 27:23).
>
> Be sure you know the condition of your flocks, give careful
>
> attention to your herds.

　지난해 9월을 지나면서 35년 역사 가운데 최장수 담임목사가 되었
다. 단임 목사의 타이틀이 장임 목사라고 바뀌게 되고 교회 역사의
새로운 한 줄이 되었다. 말할 수 없는 하나님의 은혜와 부족한 모습
도 용납하고 기도해 준 성도들의 용납과 인내가 이를 이루었다. 이제
설레임이 더욱 커진다.

　앞으로는 하나님께서 어떤 은혜를 베푸실까?

　기대하게 된다.

> 내게 주신 모든 은혜를 내가 여호와께 무엇으로 보답할까
>
> (시 116:12).
>
> How can I repay the LORD for all his goodness to me?

우리 교회 성도들 읽을꺼리 1

18. 돈과 손

돈으로 할 수 없는 것을
손을 모아 한다.

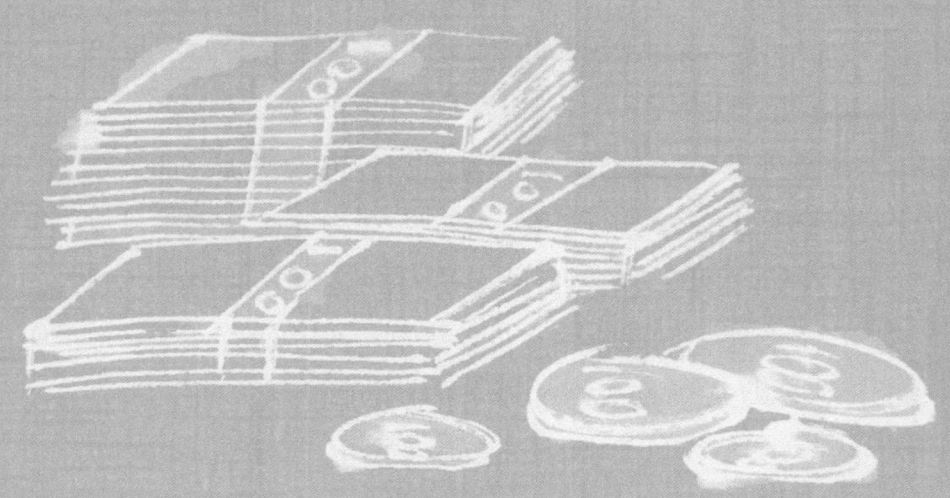

1999년, 여러 청년들과 손길을 모아 구미에서 청소년 문화 공간을 열었던 적이 있었다.

신학대학원에 다니면서 경북 구미에서 사역하던 때였다. 교회에서는 문화 선교단과 청소년을 담당했었다. 언제부터인가 구미 지역의 청소년들이 눈에 밟혔다. 새벽기도를 할 때마다 특별히 건전하지 못한 문화 속에서 방황하는 청소년들에 대해 생각이 날 때면 마음이 저렸다.

어떻게 풀어갈까?

고민하다가 함께 기도하자는 한 청년의 제안을 받았다. 그때부터 월요일 저녁마다 '구미 기독서림'의 집사님과 셋이서 기도하기 시작했다. 놀라운 일이 생기기 시작했다.

네 사람, 다섯 사람,…열 사람, 열다섯 사람….

계속되는 기도 모임에 교회와 교파를 초월하여 구미 땅과 청소년들을 사랑하는 청년들이 모여 함께 기도하기 시작했다.

마침내 청소년선교회를 시작하게 되었는데 'JESUS fan club 청소년선교회'라고 이름하였다. 주요 사역은 구미 지역 각 고등학교에 있는 기독교 동아리 정기 예배 때 말씀을 전하고 그 동아리들을 통해 복음을 전하는 것이었다.

한 학교, 두 학교…, 2년이 채 지나지 않아 고등학교 9곳, 중학교 14곳의 동아리들이 함께하게 되었다. 뿐만 아니라 청소년들이 건전하게 여가를 누릴 수 있는 청소년 문화 공간이 필요하다는 것을 알게 되었다. 어른들은 청소년들에게 "여기도 가지 마라, 저기도 가지 마라" 하면서 정작 갈 수 있는 곳을 마련해 주지는 않고 있었다.

그때까지 구미 지역에서는 이미 뜻을 가진 분들을 통해 기독 문화 공간이나 청소년 문화 공간이 두 차례 설치되었으나 몇 개월을 넘기지 못하고 문을 닫은 역사가 있었다. 실패의 기억은 다음 도전을 더욱 어렵게 한다.

그러나 청소년들에게 좋은 문화를 심어주고 그 문화를 통해 복음을 전달하기 위해서는 '비빌 언덕'을 마련해 주어야 한다는 것에 청년들이 뜻을 모았고 다시 시도하게 되었다. 그 당시에 성공적인 기독, 청소년 문화 공간의 모델로서는 '민들레 영토'(민토)밖에 없었다.

진행 상황을 간단하게 기록하자면 다음과 같다.

* 장소는 기독서림이 있는 건물 지하 50평짜리 공간으로 정하게 되었다.
* "우리에게 문화 공간을 만들어 주세요"라는 고등학생 860명의 탄원서를 만들었다.
* 한 사람의 독지가가 아닌 개미군단의 '십시일반원칙'을 세웠다.
* 음료수와 장소 사용료는 무료로 하고 헌금함을 두었다.
* 매월 정기 미니 콘서트, 성경 인물 인형 전시회, 청소년 문화행사를 개최하도록 허락했다.
* 명칭은 '사람이 자라는 땅'으로 지었다.

'사•자•땅'은 내가 캐나다로 오고 난 이후에 문을 닫았다는 소식을 듣기까지 약 6년 동안 견뎌 주었다. 많은 교회, 청소년들의 작은 쉼터가 되었다. 그□ 함께 동역했던 간사들은 대부분 목사로, 혹은 선교사로 사역을 이어가고 있다. 사실 그 땅을 통해서 우리가 먼저 자랐다. 지금은 기독 문화 공간, 청소년 문화 공간이 없는 지역이나 교회가 없는데 그□는 그 곳이 유일했었다.

1999년의 겨울, 문화 공간이 될 지하 시멘트 바닥에 종이 박스를 깔고 월요일 저녁마다 올려 드린 기도를 긍휼히 보신 하나님의 은혜였다. 또한 십시일반 후원해 주었던 숨은 후원자들의 열매였다.

> 지금까지는 너희가 내 이름으로 아무 것도 구하지 아니하였으나
> 구하라 그리하면 받으리니 너희 기쁨이 충만하리라(요 16:24).
> Until now you have not asked for anything in my name. Ask
> and you will receive, and your joy will be complete.

우리 교회 성도들 읽을꺼리 1

19. 대박과 쪽박

대박 좇다 쪽박 차지 마라.
쪽박에 충실함이 대박이다.

쉬워 보이는 일도
해보면 어렵다

못할 것 같은 일도
시작해 놓으면
이루어진다

채근담中

통일은 대박입니다.

현재 대통령 직무가 정지된 채 헌법 재판소의 탄핵 심사결과를 기다리고 있는 대통령의 연설문에 나온 내용이다. 뇌물 공여, 직권 남용, 기밀문서 유출 등등의 연기가 자욱한 국정 조사가 한창이다.

통일이건 또 다른 무엇이건 그것이 대박이 아니라 현재 이른 그 자리, 그 사명이 이미 대박임을 알고 충실했더라면 얼마나 좋았을까?

대통령에게는 한 사람, 한 국민이 대박임을 알아 성의롭게 정성들여 대했더라면 역사의 대박으로 남았을 것이다.

그 주변의 사람들도 덩달아 대박을 꿈꾼 듯하다. 대통령을 주군으로 부르며 전하로 모셨던 이가 천하를 주무르다 쪽박을 차게 된 모습도 본다. 어쩌면 이름 그대로 대박 공화국(대통령 박근혜 공화국)이었을지도 모른다. 한 때는 서로 죽고 못사는 사이였으나 일이 막상 터지고 나니 그들의 말대로 독박 쓰겠다고 나서는 사람이 없다.

2017년 캐나다 '워킹 할러데이' 비자 신청 상황은 이미 5:1의 경쟁율을 넘고 있다. 한 푼이라도 아껴서 세계를 경험하며 미래를 열어가고자 하는 젊은이들에게는 작은 희망이다. 이 곳에 오면 힘든 일도 마다 않는다. 농장 일, 식당 서빙이나 호텔 하우스키핑까지 험한 일을 마다 않고 알뜰하게 생활비를 모은다. 교회에서 만나는 그런 청년 한 사람 한 사람이 귀하고 소중하다. 대박을 꿈꾸기보다 현재 할 수 있는 일을 감사하며 충실한 모습이 내 눈에는 대박이다.

언제부터 우리가 대박이라는 말을 사용하고 꿈꾸었는지 모르지만 대부분의 국민은 현실에 충실하다. 내 자식이 마른 땅에서 살아 있는 것 보면서 열심히 일하는 아버지가 대박이다. 알바라도 뛰면서 자식들 학원 보내는 엄마가 대박이다. 꼬박꼬박 세금 내면서 고군분투하는 중소기업주들이 대박이다. 학업, 직장 다 내려놓고 국방의 의무에 임하는 청년들이 대박이다.

나는 한 때 CD 음반을 낸 적이 있다. "탈북 고아들의 노래"(2001년)였다. 민족의 아픔을 노래하고픈 시대적 사명도 있었지만 민족가수로서의 대박을 은근히 꿈꾸었었다. 결과는 찬밥이었다. 늘어가는 건 음반 판매율이 아니라 아내의 눈총이었다.

그 후에 현지 교회의 요청으로 캐나다로 오게 되어 민족과는 거리가 멀어지는 듯 하였지만 2006년부터 토론토에서 탈북난민들을 돕게 되었다. 한 사람, 한 가정을 도우면서 언젠가 음반을 통해서 꿈꾸던 대박이 아니라 보람의 대박을 경험했다.

대박과 쪽박은 하나님의 섭리에 있는 것이다. 대박은 금맥보다 인맥, 인맥보다 신맥에 있다. 로또 복권 당첨을 대박으로 꿈꾸는 사람들도 늘어가는 것을 본다.

하지만 언젠가 "복권에 당첨되면 제일 먼저 바꾸고 싶은 것은 무엇인가요?"라는 조사에서 "배우자"가 압도적으로 많았던 것을 보면 그 대박은 쪽박이다.

결국은 길이 멀다고 느껴질지라도 한 걸음씩 충실하게 주어진 일에 임하는 것이 나에게도 가정에게도 국가에게도 인류에게도 대박인 것이다.

그 주인이 이르되 잘하였도다 착하고 충성된 종아 네가 적은 일에 충성하였으매 내가 많은 것을 네게 맡기리니 네 주인의 즐거움에 참여할지어다 하고(마 25:23).

His master replied, "Well done, good and faithful servant! You have been faithful with a few things; I will put you in charge of many things. Come and share your master's happiness!"

우리 교회 성도들 읽을꺼리 1

20. 대한민국과 과한민국

아, 대한민국은
대한민국인가, 과한민국인가?

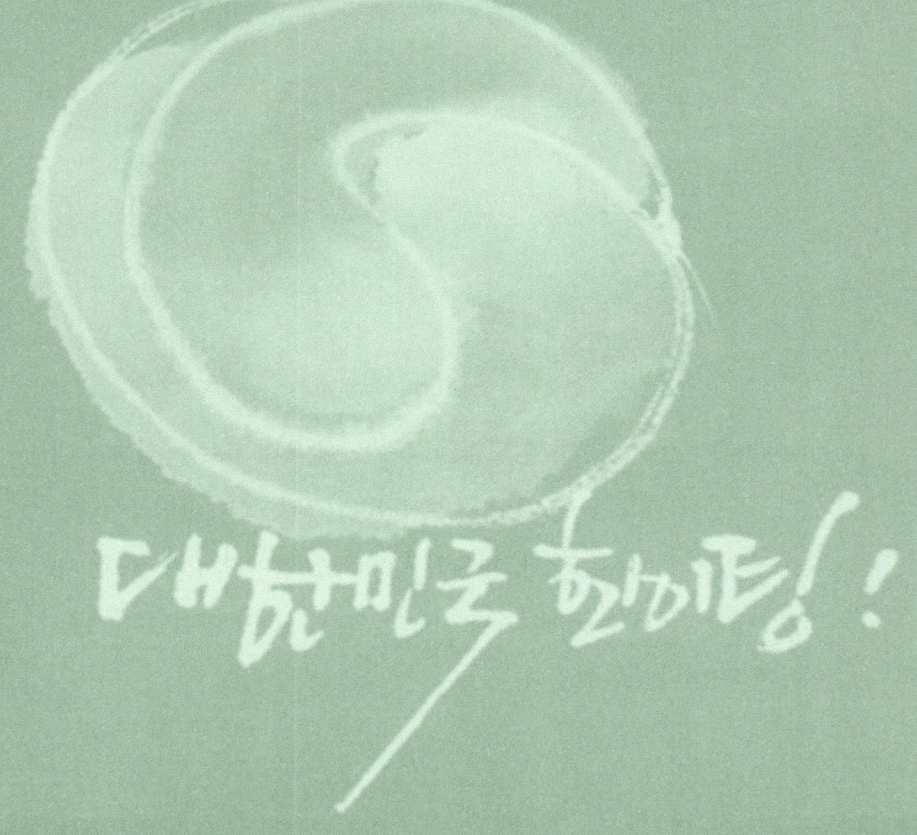

하늘엔 조각구름 떠 있고

강물엔 유람선이 떠 있고

…(중략)…

원하는 것은

무엇이든 얻을 수 있고

뜻하는 것은

무엇이건 될 수가 있어.

이렇게 우린

은혜로운 이 땅을 위해

이렇게 우린

이 강산을 노래 부르네.

아아 대한민국

아아 우리 조국

아아 영원토록 사랑하리라.

　1983년에 정수라씨가 이 노래를 불렀을 때 우리 모두 목청껏 노래했다. 공부할 때도 일할 때도 흥얼거렸다. 그때 그 대한민국이라는 숲속에 있을 때에는 그랬다. 하지만 8,000Km 떨어져서 바라보는 내 조국, 대한민국은 누군가에게나 가능한 그런 나라가 아니었다. 무엇이든지 과한 나라로 보였다.

돈에 대한 집착이 과한 나라,

자식에 대한 교육열도 과한 나라,

줄반장의 명예욕도 과한 나라,

명품 유행도 과한 나라,

일도 과한 나라,

술도 과한 나라,

체면도 과한 나라.

새벽마다 젖은 눈으로 엎드릴 수밖에 없는 이유가 있다. 그 과한 땅에 방치하듯 모셔 놓고 편찮으셔도 제 때 찾아 뵙지도 못하는 불효자(이민자는 구조적 불효자이다)였기 때문이다. 또한 그 과한 땅에서 고군분투하는 동료, 친구들이 생각났기 때문이다.

미친 도시를 미친듯이 살아야만 하고,

빵을 얻기 위해 뻥을 쳐야 하며,

약함은 악함이 되어 왕따 꺼리가 되고,

신체비하나 성적인 유머를 혐오스러워하지 않는 땅에서

살아가는 친구들이 아프다.

답답한 미래의 슬픔을 술펌으로 달래는 아빠들과

스타벅스를 수다박스로 삼아 매일 출석해야 하는 엄마들이

아프다.

하지만 기도해 보면 잡초 속에 화초를 보듯 미래가 밝다.

월미도의 디스코팡팡 속에 있는 듯한 현재의 정국도 곧 안정

이 되리라.

현재의 진통은 아름다운 전통을 위한 과정이 될 것이다.

이 서바이벌의 때를 넘으면 리바이벌의 때를 맞으리라.

기대하며 기도한다.

어느 나라에서 살든지 어떤 시민권을 가지고 살든지 내 사랑하는 조국은 하나요, 대한민국이기 때문이다.

> 내 이름으로 일컫는 내 백성이 그들의 악한 길에서 떠나 스스로
> 낮추고 기도하여 내 얼굴을 찾으면 내가 하늘에서 듣고 그들의
> 죄를 사하고 그들의 땅을 고칠지라(대하 7:14).
> if my people, who are called by my name, will humble them-
> selves and pray and seek my face and turn from their wicked
> ways, then will I hear from heaven and will forgive their sin
> and will heal their land.

우리 교회 성도들 읽을꺼리 1

21. 말썽꾸러기와 말씀꾸러기

말썽꾸러기가 변화되는 길은
말씀꾸러기가 되는 것이다.

토론토에 집사님이 한 분 계신다. 조금만 언급하면 다들 아실 만한 분이기 때문에 힌트를 줄 수가 없음을 양해 바란다. 이민 20여 년 동안 남들이 모두 부러워할 만큼 사업을 성공적으로 하신 분이었다. 그런데 미국의 서브프라임 모기지(Subprime Mortgage) 위기가 터지면서 어려워졌다. 사람들 만나기도 멋적고 해서 지하실에서 1년 동안 성경말씀만 보게 되었다.

놀라운 것은 그때 그 1년을 통해 사람이 바뀌었다. 한창 잘나갈 때는 술, 담배는 기본이고 남들이 3시간 걸리던 길을 1시간 조금 넘게 걸렸다고 자랑을 일삼던 분이었다. 그러니 아내의 걱정이 이만저만이 아니던 어른 '말썽꾸러기'였던 셈이다. 그런데 완전히 새 사람이 된 것처럼 변화되었다. 말썽꾸러기가 말씀꾸러기가 되면서 변화가 생긴 것이다.

북한 사역자들도 마찬가지이다. 탈북인들을 중국 비밀농장에 숨겨주면서 성경읽기를 권한다. 그분들은 한국에 입국할 루트를 찾기까지 다른 방도가 없기에 밥 먹고 하루 종일 성경 속독 테이프를 들으며 성경읽기를 한다. 그러다가 어느 순간이 되면 하나님 앞에 무릎꿇기 시작한다. 머리 속에 박힌 수령 아버지 자리에 하나님만 들어가면 세상이 뒤집어진다고 했다. 이미 20년 전의 일들이다. 그렇게 변화된 사람들은 눈빛이 달라지고 태도가 달라지고 마침내 살기 위해 도망쳐 나왔던 북조선으로 다시 성경 들고 들어가는 사람이 된다.

20년 동안에도 그런 변화는 주변에서 꾸준히 일어났다. 20년이 아니라 200년, 2000년이 넘도록 그 변화는 있어왔다. 한국 초대교회 때 유명한 평양의 깡패, 이기풍이 변화되어 목사가 되고 황해도 안악의 깡패였던 김익두가 변화된 것은 유명한 일화이다.

지난해 토론토를 방문했을 때 그 집사님을 만나게 되었다. 그때는 신형 벤츠였는데 이번에는 중고밴을 타고 나타나셨다. 만나는 시간 내내 웃음을 지었다. 벤츠 탈 때보다 마음이 훨씬 편하고 좋다고 했다.

> 돈을 따라 다닐 때는 피곤했는데 이제는 마음이 편해요. 하나
> 님만 바라보고 달리면 돈은 따라오는 것인 줄 이제 압니다.

말썽꾸러기가 말씀꾸러기가 되면 사람 된다는 이 글을 우리 아버지나 형이 본다면, "이눔아, 니가 바로 그눔이다" 할 것이다.

> 모든 성경은 하나님의 감동으로 된 것으로 교훈과 책망과 바르
> 게 함과 의로 교육하기에 유익하니 이는 하나님의 사람으로 온
> 전하게 하며 모든 선한 일을 행할 능력을 갖추게 하려 함이라
> (딤후 3:16, 17).
> All Scripture is God-breathed and is useful for teaching, rebuk-
> ing, correcting and training in righteousness, so that the man of
> God may be thoroughly equipped for every good work.

우리 교회 성도들 읽을거리 1

22. 목사와 몷사

희생하면 목사이고
제 몷만 챙기면 몷사이다.

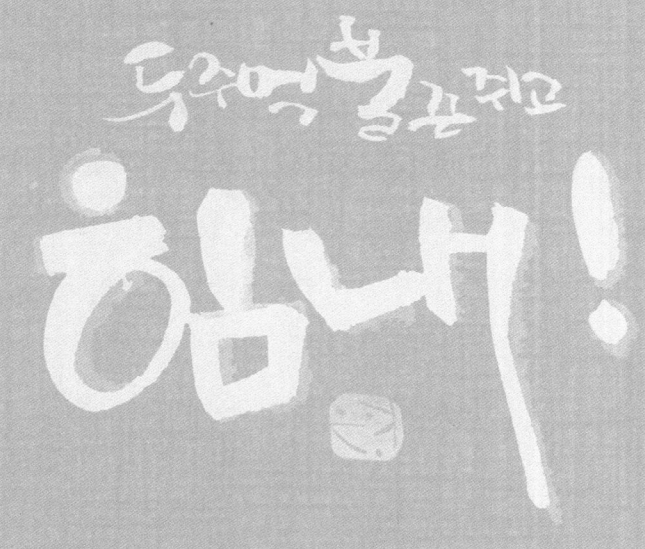

연일 교계의 목사나 해외 선교사의 잘못이 펑펑 드러난다.

3·1교회 ○○ 목사
청소년 선교 단체 ○○ 목사
캄보디아 선교사 ○○ 목사
탄자니아 선교사 ○○ 목사

흔히 사람들이 말한다.

작은 교단의 교단내 신학교에서 무분별하게 신학과정을 개
설하고 목사안수를 남발한 탓이라고.

그렇지 않다. 목회의 본질이 되는 정신은 "예수님의 십자가 사랑과
희생"이기에 교단이 어떤가, 얼마나 배웠는가 하는 것은 별개의 문제
이다. 지금도 농촌이나 산골벽지에서 작은 성도들과 함께 삶을 나누
며 살아가는 존경할 만한 목회자들을 볼 때 교단의 크기나 학벌은 상
관이 없다.

바른 목회자는 어떻게든 희생한다. 학벌을 희생하든지, 돈을 희생
하든지, 자녀 교육을 희생하든지, 보장된 미래를 희생하든지, 자신의
욕망을 희생하든지 한다. 예수님은 이런 목사를 목자라고 했다. 하지
만 월급쟁이로 전락한 목사는 희생하지 않는다. 자신의 것을 챙기기
에 급급하다. 자신의 명예를 챙기든지, 자신의 돈을 챙기든지, 자신
의 욕망을 챙기든지 한다. 예수님은 이런 목사를 삯꾼이라고 했다.

목사가 희생하면 교회는 회생한다. 희생할 줄 아는 목사가 하면 명설교이고 자기 몫만 챙기는 몫사가 하면 멍설교이다. 짖어대는 것 이상 아무것도 아니라는 말이다. 희생은 밀알의 속성이고 희생은 생명의 속성이다. 부모가 희생하면 자식이 사는 것처럼 희생으로 회생하는 것이 십자가의 속성이다.

목회는 언제나 외줄타기이다. 자칫 잘못 생각하거나 자칫 잘못 발을 내디디면 성직에서 떨어지기 때문이다. 나는 오늘도 외줄을 탄다. 외줄 위에 산다.

> 나는 선한 목자라 선한 목자는 양들을 위하여 목숨을 버리거니와 삯꾼은 목자가 아니요 양도 제 양이 아니라 이리가 오는 것을 보면 양을 버리고 달아나나니 이리가 양을 물어 가고 또 헤치느니라(요 10:11,12).
>
> I am the good shepherd. The good shepherd lays down his life for the sheep. The hired hand is not the shepherd who owns the sheep. So when he sees the wolf coming, he abandons the sheep and runs away. Then the wolf attacks the flock and scatters it.

23. 몸살과 맘살

몸이 아픈 몸살보다 맘이 아픈 맘살이
더 아프고 오래간다.

지난해 이곳의 교회들이 연합하여 부활절 새벽예배 대신에 성금요일 저녁에 연합예배를 드렸다. 연합회 회장을 할 차례가 된 나에게 설교 부탁을 하길래 제목을 주었다.

몸살과 맘살.

예배 전에 받아 든 순서지에 나온 설교 제목을 보고 우리 교회 장로님들은 적잖게 걱정했었다고 예배 후에 말씀들을 하셨다.
설교의 요지는 이랬다.

2000년 전에 주님께서 당하신 몸의 고통은 해마다 성금요일을 통해 되새기고 있다. 하지만 그렇게 고통당해야만 했던 마음의 아픔에 대해서는 덜 헤아리고 넘어가는 것 같아서 안타깝다.
에덴 동산을 멋있게 탈출하고자 했지만 퇴출당할 수밖에 없었던 아담과 하와의 뒷모습을 바라보며 하나님의 맘살은 시작되었다. 4000년을 맘살 앓이 하신 하나님은 하나밖에 없는 아들 예수를 보내어 죽게 하셨으니 맘살은 두 배가 되었다. 그 후 2000년 동안 그 고통의 의미를 깨달아 믿고 회개하는 자를 보면 그 맘살이 그치지만, 아직도 모르고 사는 수많은 사람들이 있으니 하나님의 맘살은 아직도 진행 중이다. 2000년 전에 당했던 예수님의 몸살보다 아직도 계속되는 하나님의 맘살을 더 기억해야 한다.

철학에 있어서 가장 오래된 난제 중의 하나는 "심신의 관계"이다.

몸과 마음은 하나인가?

아니면 몸과 마음은 따로 작동하는 것인가?

하나라고 한다면 몸과 마음은 어떻게 상화작용하는가?

인간을 이해하는 가장 기본적인 질문이다. 30여 년 전 대학시절에는 심신일원론이 유력하다고 리포트를 쓴 기억이 있다. 그때의 생각이 다 옳다고 할 수야 없지만 스트레스가 만병의 근원이라고 말하는 요즈음 더 가능성에 힘을 실어주고 싶다. 또한 몸살과 맘살이 상화작용(相火作用)을 한다면 무엇이 중요하고 무엇이 더 큰 영향력을 갖는가 하는 질문에 맘살이라고 하고 싶다.

지금까지 살아 오면서 앓았던 꽤 기억나는 몸살들이 있었다. 하지만 그때의 몸살들은 현재의 나를 누르지 못하지만 마음이 상해서 아파했던 그날들의 맘살들은 아직도 이따금씩 나를 짓누르기 때문이다.

이 글을 쓰고 있는 지금 나는 몇 년 만에 몸살을 앓고있다. 몸살보다 맘살이라고 말해놓고 이렇게 몸살이 오래가니 마음이 약해지는지. 어쩌면 몸과 마음은 동등할 수도 있다는 생각도 들고 역시 건강이 최고야 싶다.

믿음의 주요 또 온전케 하시는 이인 예수를 바라보자 저는 그 앞에 있는 즐거움을 위하여 십자가를 참으사 부끄러움을 개의치 아니하시더니 하나님 보좌 우편에 앉으셨느니라(히 12:2).

Let us fix our eyes on Jesus, the author and perfecter of our faith, who for the joy set before him endured the cross, scorning its shame, and sat down at the right hand of the throne of God.

24. 무소유와 주소유

그리스도인의 물질관은
무(無)소유가 아니라 주(主)소유이다.

최근에 재미있는 말을 들었다. 노숙자의 조건이 있다는 것이다.

돈이 있으면 안 된다.
부동산이 있어도 안 된다.
통장이 있어도 안 된다.
그리고
희망이 있어도 안 된다.

희망조차 없어야 진짜 노숙자라는 말을 들으니 첫맛은 단맛이었지만 끝맛은 쓴맛이었다.

법정 스님이 쓴『무소유』라는 책이 한 때 인기를 끌었다. 자칫 우리 아이들이 그 책으로 인해 잘못된 물질관을 갖게 될까 걱정되기도 했다. 하지만 걱정되지 않는 것은 우리 아이들이 책을 잘 읽지 않으니 한편 다행이다 싶었다.

『무소유』는 무협지나 다름없는 허구이다. 영화「매트릭스」같은 상상이다. 사람들에게 인기가 있다는 것은 진실하고는 상관이 없다. 결혼해서 어린 자식들을 부양하며 살아가야 하는 아버지와 알뜰하게 살아가는 엄마들의 현실에서는 있을 수 없는 가치관이다. 불교의 정신인 '공'(空)이나 '허무주의'에서 비롯된 가상 현실일 뿐이다.

그리스도인의 물질관은 '청지기 정신'이다. 모든 것이 주소유 즉 하나님의 것이니 살아있는 동안 누리는 일용할 양식을 감사히 여기는 것이다. 그리고 잘 관리하여 세상에 돌려주는 것이다. 하나님께서는 우리에게 먹을 씨와 심을 씨를 주신다고 했다. 그래서 기본적인 생활에 필요한 것을 제외한 것은 나누라고 하셨다. 청지기적 물질관은 성경의 실재주의에 기초한 선한 가치관이다.

최근에 한국 젊은이들의 이민 선호국 조사에서 캐나다가 1위에 올랐다고 한다. 난민 환영 국가 중에서도 캐나다는 단연 1위이다. 살면서 느끼는 섬세하고도 풍요로운 복지정책 또한 감탄이 나올 만하다. 이 캐나다의 모든 복지와 긍휼법이 법정 스님의 '무소유 정신'으로는 해석할 수 없다. 그리스도인의 주소유 정신으로만이 해석이 되는 것이다.

우리 교회에서 작은 후원으로 다른 교회와 더불어 섬기는 섬김 중에 '도시 원주민 선교 센터'가 있다. 먹을 것이 없는 사람, 입을 것이 없는 사람, 쉴 곳이 없는 사람은 오픈하는 시간에 언제나 줄을 서면 된다. 지금은 고인이 되었지만 법정 스님이 이 곳에서 살아간다면 언제나 줄서기 인생일 뿐이다.

> 농부에게 뿌릴 씨와 먹을 양식을 주시는 하나님은 여러분에게도 뿌릴 씨를 주시고 자라게 하셔서 여러분이 의의 열매를 더 많이 맺게 하실 것입니다(고후 9:10).
> Now he who supplies seed to the sower and bread for food will also supply and increase your store of seed and will enlarge the harvest of your righteousness.

25. 바른 성장과 빠른 성장

빠른 성장보다 바른 성장이다.

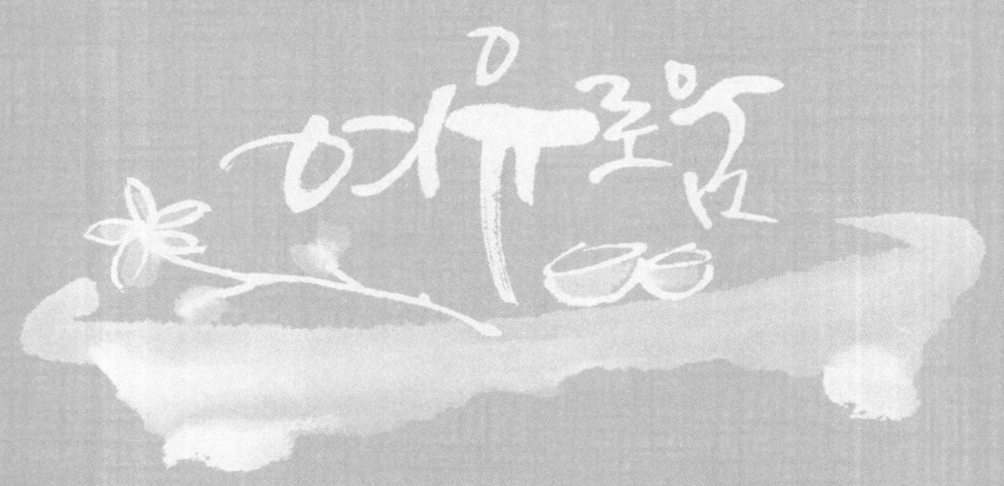

십수 년 전.

캐나다의 느린 생활 패턴에 어느정도 적응해 갈 무렵 나는 픽업 산
타로 캐나다에 처음 오는 동포들이나 유학생들을 공항에서 픽업해
주는 봉사를 시작했다. 그때 봉사했던 분들 중에서 자녀들과 함께 캐
나다로 오신 할머니를 태워다 주고 한 열흘이나 지난 뒤에 방문한 적
이 있었다.

> 할머니, 사시는 아파트는 어떠세요? 인터넷하고 전화는 잘
> 되구요?
> 아이구…아직 안 왔시유~~여긴 느려터져서 미치거시유….

충청도에서 오신 할머니께서 미칠 만하다면 캐나다는 충청도의 수
도인 모양이다.

> "빠른 성장"보다 "바른 성장"이다.
> 겉절이와 김치는 다르다.
> 김치가 되어야 한다. 아무리 잘 담가도 갓 담은 건, 겉절이다.
> 숙성되어야 김치다. 시간은 숙성의 필수요소이다.
>
> 시간이 걸려도 바르게 성장해야 한다.
> "바름"을 외면하는 "빠름"은 위험이다.
> "신속," "정확"이 이상인 것처럼 "바름"과 "빠름"은 교차점
> 없는 평행선이다.

함께 병행해 낼 수 없는 이상이다.
공산주의며 유교의 이념 같은 이상주의일 뿐이다.

빠른 성장은 "유전자 조작"이고
바른 성장은 "아픔의 조각"이다.

뉴스를 또 접한다.

한 때 한국의 자랑이었던 조선업이 무너졌습니다.

빠른 공정, 부실 공정으로 무너진 삼풍, 성수에 이어서 치명적인 결과다.

그래서 어쩌면 그 빠름을 재촉해 대느라 바쁜 사람은 나쁜 사람이다. 아프리카 원주민의 속담처럼 "너무 빨리 가다 보면 영혼이 따라오지 못합니다"는 말을 인정해야 한다. 하나님의 바람은 "빠른 성장"이 아니라 "바른 성장"인 것을 아프리카 원주민이 먼저 안다.

캐나다가 좋은 것은 환경, 교육, 복지보다 "느·리·게·산·다"는 것임을 10년을 지나면서 느리게 깨달았다. 매년 국가별 행복지수 1위권을 맴도는 국가인 방글라데시와 공통점인 셈이다. 느린 생체 리듬과 느린 생활 패턴이 낳아 제끼는 수많은 기다림이, 아픔이, 시간이 나를 숙성시킬 수 있도록 기회를 주어야겠다.

이따금씩 내가 한국 사람인 것을 알게 되는 다른 나라 출신의 사람들이 어떻게 알았는지 "빨리, 빨리" 하면 부끄럽고 기분이 상한다.

하나뿐인 몸뚱아리 한 번뿐인 인생살이. "지금 바쁘면 나중에 기쁘다"는 천하에 거짓말이라는 것을 이제는 안다.

느리게 바라보고
느리게 사랑하고
느리게 생각하자.
그래야
다시 사랑하고
한 번 더 사랑할 수 있다.

행복한 삶의 속도는 "안단테"(andante)이다.

그러므로 형제들아 주께서 강림하시기까지 길이 참으라 보라 농부가 땅에서 나는 귀한 열매를 바라고 길이 참아 이른 비와 늦은 비를 기다리나(약 5:7).

Be patient, then, brothers, until the Lord's coming. See how the farmer waits for the land to yield its valuable crop and how patient he is for the autumn and spring rains.

우리 교회 성도들 읽을거리 1

26. 방황과 방학

"방학"은 "방황"이
보장된 시간이어야 한다.

내삶의
봄날은 언제나
지금입니다

캐나다에 와서 보니 "개 공원"이라는 것이 따로 있다. 공원이 좋지 않아서 "개공원"이 아니라 개들이 평소와는 다르게 목줄을 풀고 마음껏 달리고 놀 수 있는 공원이다. 개 전용 들판인 셈이다. 온갖 다양한 종류의 개들이 온갖 다양한 종류의 놀이들을 해도 되는 곳이다. 주인은 개들이 집안에서만 있어서 스트레스 받을까 봐 배려해서 데려 온다. BMW, 벤츠 같은 차들로 모시고 와서는 달리고 구르고 웃고 논다.

지나갈 때마다 나는 우리 조국, 대한민국의 후배들, 청소년들, 자녀들이 왜 그리 생각나는지. "방학"도 없고 그래서 마음껏 할 수 있는 "방황"의 시간도 없는 아이들.

마음껏 방황해야 반항이 끝이나고,
즐겁게 방황해야 방학이 알찰 텐데.
방학이 없어진지 오래된 땅, 대한민국.

주일(일요일)에조차 '야간 자습'이라는 이름으로 학교에 간 지도 30년이 훌쩍 넘었으니 방학은 말할 것도 없다. 자율 학습도 아니었고 야간도 곧 주간으로 확장되어 갔다.

'방황'은 사춘기의 필수 과목이자 청소년의 권리인데 운동장은 구색이고 체육시간조차 메뉴판의 계절 메뉴가 되었다. 내일의 '방학 같은 인생'을 위해 오늘의 '방학'을 압수한다는 명분은 사기가 따로 없다.

일제강점기 저항시인, 이상화의 시가 생각난다.

지금은 남의 땅 — 빼앗긴 들에도 봄은 오는가?

…(중략)…

나는 온몸에 풋내를 띠고

푸른 웃음 푸른 설움이 어우러진 사이로,

다리를 절며 하루를 걷는다. 아마도 봄 신령이 지폈나 보다.

그러나 지금은 — 들을 빼앗겨 봄조차 빼앗기겠네.

광복 70주년이 되어 일제 시대도 아닌데 우리 청소년들은 방황할 땅도 없고 방황할 자유도 없어 보인다. 제국주의보다 더한 성공제국주의가 그 들판을 다스리는 것 같다. 봄이 되어도 볼 수 없고 밤이 되어도 꿈꿀 수 없는 슬픈 들판.

하루에 한두 시간이라도 마음껏 뛰고 달리고 방황할 '개 들판, 개 자유'라도,

허락하라!

허락하라!

허락하라!

죽은 자가 수족을 베로 동인 채로 나오는데 그 얼굴은 수건에 싸였더라 예수께서 이르시되 풀어 놓아 다니게 하라 하시니라 (요 11:44).

The dead man came out, his hands and feet wrapped with strips of linen, and a cloth around his face. Jesus said to them, "Take off the grave clothes and let him go."

27. 비리와 의리

비리가 있는 곳에서
의리를 말할 때는 비린내 난다.

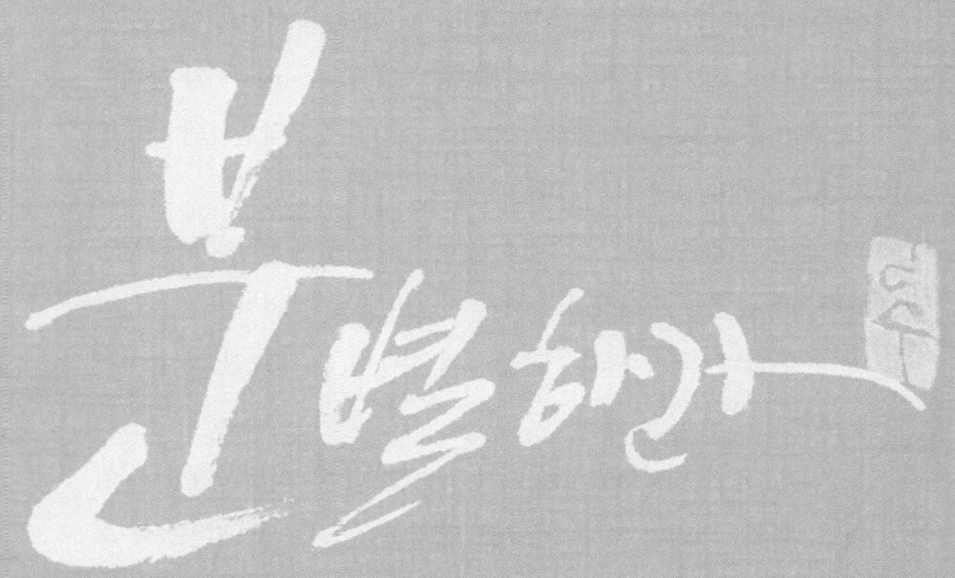

이번 민간인 국정농단 조사 청문회는 비리 청문회였는지 의리 청문회였는지 알 수 없다. 조사 받으러 나온 사람들의 대부분이 "모른다"로 일관했다. 그 중에서도 몇 명은 양심선언을 하고 증언을 했다.

무엇이 비리였는지 누가 의리를 지켰는지는 역사 속에서 드러날 것이다. 특정인과 과거에 비리로 누렸던 관계를 의리로 지켜 가겠다는 알량한 얼굴은 보기 흉하다. 그들을 세운 사람들은 국민임에도 불구하고 국민과의 의리는 아랑곳없었다.

40여 년 전 미국의 37대 대통령을 지낸 리처드 닉슨(Richard Nixon)은 내부 제보자의 역할로 드러났다.

후에 「워싱턴 포스트」(*The Washington Post*)는 자신들에게 정보를 전해 준 익명의 제보자를 '딥 스로트'(Deep Throat)라고 했는데 이말은 나중에 내부 고발자를 의미하는 '휘슬 블로어'(Whistle Blower)와 동의어가 되었다. 그들은 대통령과의 의리를 지키기보다 국민과의 의리를 지켰고 진실과 정의와의 의리를 지켰다.

요즈음 의리는 조직 폭력배라고 불리우는 깡패조직에서 떠들어댄다. 그 존재와 존재방식 자체가 비리인데 무슨 의리를 말하는지 알 수가 없다. 국가 최고 기관장들의 수준이 그 정도인 것 같아서 슬프다.

3500년 전에 하나님께서는 이미 위증하지 말라고 말씀하셨다. 어쩌면 비리와 의리의 역사는 우리의 생각보다 훨씬 오래되었음을 보여준다. 기독교 역사에 있어서 진리를 지키기 위해 의리를 보여준 놀라운 장면이 남아 있다.

폴리갑(Polycarpus, 80-165)의 순교 이야기이다.

그가 86세의 나이로 로마에 잡혔을 때 폴리갑의 명성과 고령을 생각한 지방총독이 말하였다.

맹세하라. 그러면 내가 너를 석방할 것이다. 그리스도를 욕하라.

죽음을 벗어나 생명을 얻을 수 있는 절체절명의 순간에 폴리갑이 입을 열었다.

86년 동안 나는 그의 종이었습니다. 그동안 그분은 나에게 아무런 잘못도 하지 않으셨습니다. 그런데 어떻게 내가 나를 구원하신 왕을 모독할 수 있겠습니까?

로마의 신(神), 가이사에게 맹세할 것을 요구하는 추상 같은 명령 앞에서 폴리갑은 결코 무릎을 꿇지 않았다. 총독의 협박이 이어졌다.

나는 야수들을 가지고 있다. 나는 네가 마음을 바꾸지 않는다면, 너를 그들에게 던질 것이다.

콜로세움의 주린 맹수들의 포효가 채 끝나기도 전에 폴리갑이 입을 열었다.

야수들을 부르십시오!

회개에 있어서 좋은 것으로부터 나쁜 것으로 변하는 것은 우리에게 있어서 불가능한 변화입니다. 그러나 악한 것으로부터 의로 바뀌는 것은 고귀한 것입니다.

피에 굶주린 잔혹한 로마인들의 고함이 경기장을 들끓는 때에 총독의 마지막 심문이 이어졌다.

네가 마음을 바꾸지 않는다면, 네가 야수들을 무시하므로, 나는 너를 불태울 것이다.

그러나 폴리갑은 대답하였다.

당신은 오직 짧게 태우고 잠시 후에 소멸되는 불을 가지고 위협합니다.
그런데 당신은 악한 자들을 위하여 예비된 다가오는 심판과 영원한 처벌의 불을 알지 못하고 있습니다.
왜 당신은 지체하고 있습니까?
오십시오. 당신이 원하는 것을 하십시오.

주님과의 의리를 지키고 기꺼이 죽음을 선택한 폴리갑이었다.
베드로는 예수님을 "모른다"고 세 번이나 부인했으나 회개하고 평생 주님을 위해 살았다.
국회청문회, 헌법재판정에 서는 그들도 베드로처럼 지금이라도 회개하고 양심선언을 했으면 좋겠다. 그 비린내 나는 자리에 연연하지 말고 국민과의 의리, 역사 앞에서의 의리를 지켰으면 좋겠다.

　의리는 비리와 어울리는 말이 아니고 진리와 어울리는 말이다. 실리를 위해 비리를 저지르지 말고 사리를 분별하여 진리를 위해 의리 있게 살아야 한다.

> 너는 거짓된 풍설을 퍼뜨리지 말며 악인과 연합하여 위증하는 증인이 되지 말며 다수를 따라 악을 행하지 말며 송사에 다수를 따라 부당한 증언을 하지 말며 가난한 자의 송사라고 해서 편벽되이 두둔하지 말지니라(출 23:1-3).
>
> Do not spread false reports. Do not help a wicked man by being a malicious witness. Do not follow the crowd in doing wrong. When you give testimony in a lawsuit, do not pervert justice by siding with the crowd, and do not show favoritism to a poor man in his lawsuit.

우리 교회 성도들 읽을거리 7

28. 빛의 자녀와 빚의 자녀

빛의 자녀로 살라고 했지만
빚의 자녀로 사는 사람들.

1992년도에 '제1회 CCC 주최 전국 대학생 복음성가 경연대회'가 청주에서 열렸다. 지금은 이스라엘에서 박사 과정을 공부하고 있는 후배와 예선을 거쳐서 본선에 올랐는데, 그때 듀엣 이름이 "빚진자들"이었다. 예수님과 이웃에게 사랑의 빚을 진자로 평생 살아 보자는 의미에서 그렇게 지었던 기억이 난다.

그런 의미에서 사랑의 빚진자로 사는 사람은 빛 된 자로 살게 되어 다른 말 같은 뜻이 된다. 하지만 요즈음은 빛의 자녀로 사는 것과 빚의 자녀로 사는 것이 정반대의 의미로 뚜렷이 다가온다.

2015년은 UN이 선정한 "세계 빛의 해"였다. 선정한 이유는 과학기술 발전의 기초가 된 광학분야에 뛰어난 업적을 남긴 과학자들을 기념하고 또 장려하기 위함이다.

예수님은 2000년 전에 우리를 향해 빛이라고 진작 말씀하셨다. 그런 의미에서 예수님을 믿고 따르는 그리스도인에게는 지난 2000년 모두가 빛의 해였다. 그러나 빛의 자녀로 살기는커녕 빚의 자녀로 사는 사람들이 너무나 많다. 경제적 관점에서의 빚의 개념만이 아니다.

2014년 대한민국은 세월호의 아픔을 겪으면서 한 노래를 소리높여 부르기 시작했다.

어둠은 빛을 이길 수 없다.

아이들은 그 캄캄한 곳에서 구원의 한줄기 빛을 기다렸을 것이다. 끝까지 책임지고 남아서 구명정을 던져 줄 선장과 직원들의 손길을 빛처럼 여겼을 것이다.

대한민국. 짝짝짝 짝짝!

모두가 적어도 한 번 이상은 손뼉 치고 외쳤던, 조국의 정부와 힘 있는 사람들의 구조의지를 빛처럼 여기며 기다렸을 것이다. 그러나 빛은 없었고 아직도 보이지 않는다.

그 어둠 속에서 죽어간 아이들에 대한 빚만 가득 남았다. 부모의 마음속엔 왠지 지켜주지 못했다는 유죄확정 같은 마음의 빚이 남았고 국민의 마음속엔 1000일이 지나도 제대로 규명해 내지 못한 안타까운 마음의 빚이 남았다.

또한 그 진실을 알면서도 아직도 감추고 사는 사람들은 그 마음의 빚을 유족과 국민과 역사 앞에 어떻게 갚을 것인지 궁금하다.

지금도 우리는 일상 가운데서 빛과 빚 사이에서 살아간다.

조금 더 희생하고 헌신하면 빛의 자녀로 살게 되고,
조금 더 외면하고 망각하면 빚의 자녀로 살게 되는 것이다.

우리는 어떻게 살아가느냐에 따라서 우리가 어떤 존재인가를 알게 된다. 동시에 우리가 어떤 존재인가를 인지하느냐에 따라서 어떻게 살아가는지를 경정하게 된다.

빛의 자녀인가, 빚의 자녀인가?

세월호 참사 1000일을 맞아도 아직 시신을 품에 안지 못한 부모의 인터뷰 내용이 마음에 남았다.

1000일은 별 의미가 없어요. 우리는 아직도 2014년 4월 16일을 살거든요.

노란 리본을 달아도 설교 시간에 간간히 언급하며 함께 기도를 해도 그 유족들에 대한 마음의 빚은 이자에 이자가 늘어만 가는 듯하다. 빚진자들이 불렀던 "그 귀한 많은 시간들"의 가사가 이렇다.

그 귀한 많은 시간들 예수님께 아픔 드리고,
나 이제 텅 빈 맘으로 예수님께 돌아옵니다.

그러나 이젠 달라요 예수님을 만난 지금은
하루 하루 순간순간 내 맘에 밝은 빛 예수님 사랑뿐.

그때의 노래 가사가 머리에 맴돌다 입으로 새어 나올 때면 생각하게 된다.

"나는 빛의 자녀로 살고 있는가, 빛의 자녀로 살고 있는가?"

너희가 전에는 어둠이더니 이제는 주 안에서 빛이라 빛의 자녀들처럼 행하라(엡 5:8).
For you were once darkness, but now you are light in the Lord. Live as children of light.

29. 사려(思慮)와 배려(配慮)

'배려' 는 '사려' 깊은 사람의 아름다운 마음이다.
반려자를 위해 사려하고 배려하라.

삶의 꽃

채송화 그낮은 꽃을 보려면 그앞에서
고개숙여야 한다

교회에서 우리 아파트까지 약 150m의 잔디밭이 펼쳐져 있다. 겨울이다 보니 눈으로 약 20cm이상 덮여있다. 다니기 불편해서 눈 치우는 기계로 오솔길을 만들었다. 한 사람이 겨우 다닐 길이었다.

며칠 전에 사랑이(딸, 11살)와 같이 손을 잡고 교회로 향했다. 눈 사이로 난 오솔길로 들어서는데 사랑이가 자꾸 눈밭으로 빠지면서 걸었다. 다져진 오솔길로 사랑이를 걷게 해야겠다 싶어서 손을 당겼다. 나는 당연히 눈밭으로 걷게 되었다.

그런데 다시 사랑이가 눈밭으로 걸어가면서 나를 당겨 오솔길로 걷게 하는 것이 아닌가!

사랑아, 이리와. 네가 길로 걸어 가.

그때 사랑이가 말했다.

아빠 구두가 내 부츠보다 짧잖아.

아…그때의 감동이란!
아…그때의 행복이란!
아들만 키우는 사람은 이런 "딸 맛"을 모르리라!

그런 눈으로 성경을 보니 성경은 온통 인간들을 향한 하나님의 배려로 가득 차 있다.

서자에 대한 배려.

종들에 대한 배려.

나그네에 대한 배려.

여인에 대한 배려.

장애우들에 대한 배려.

병자에 대한 배려.

마음의 상처 입은 자들에 대한 배려.

제자들에 대한 배려.

배신자들에 대한 배려.

그 중에 가장 큰 배려는 "예수님을 이 땅에 보내신, 성탄절"이리라.

배려는

사랑하는 마음으로

그럴 수 있는 사람이

그럴 수 없는 사람에게 행하는 친절이다.

아내를 위해 차를 미리 예열시키는 것은 아내를 위한 남편의 배려.

그것을 매번 기대하지 않는 것은 남편을 위한 아내의 배려.

사려(思慮) 깊은 사람만 배려(配慮)할 수 있다.

에드먼턴의 날씨가 아무리 추워도 올 겨울은 따뜻할 것 같다.

그러므로 무엇이든지 남에게 대접을 받고자 하는 대로 너희도 남을 대접하라 이것이 율법이요 선지자니라(마 7:12).

So in everything, do to others what you would have them do to you, for this sums up the Law and the Prophets.

우리 교회 성도들 읽을거리 !

30. 사례비와 살해비

잘못된 "사례"는 목사를 "살해"한다.
너무 많으면 교만해서 죽게 하고
너무 적으면 힘들어서 죽게 한다.

매일 매일
둥그라미 치며
사는 삶으로
인생의 즐거움이
넘치게하소서

2011년 여름, 어느 교회에서 예배 인도를 하게 되었다.

저녁 예배 인도를 마치고 숙소에 돌아 와서 사례 봉투를 열어 보는데…,

깜놀!…빈.봉.투…였다…멘붕!

혹시 봉투에서 빠졌는가 싶어서 사례 봉투가 들었던 호주머니를 확인하고 봉투를 불빛에 이리 비추고 저리 비추어 보아도 없었다.

빈.사.례.봉.투.

입 벌린 빈 봉투가 요즈음 말로, "당황…하셨어요?" 하는 것 같았다. 나름대로 꽤나 잘나가고 있다고 생각하던 나였다. 하나님께서 내 머리를 해머로 꽝하고 세게 치시는 것 같았다.

너의 설교, 너의 사역은 빈봉투짜리야…

하시는 것 같았다. 봉투를 두 손에 들고 무릎을 꿇었다. 그리고 그 빈 봉투를 눈물로 채울 만큼 울고서야 일어설 수 있었다.

언제나 청빈과 함께하는 목회자, 선교사가 많은 가운데, 요즈음 대형교회 목회자가 받는 사례와 교회 공금과 관련하여 말들이 많다.

누구는 산삼뿌리 묵고 누구는 무시뿌리(무뿌리) 묵나?

하는 옛 말이 목회자들에게도 해당되는 시대이다.

내가 속해 있는 PCC(Presbyterian Church of Canada), 캐나다 장로교단은 140년이 넘는 총회 역사를 통해서 목회자 사례 문화를 정착시켜 왔다. 이것을 '목회자 최저 생계비 가이드'라고 하는데, 지역 교회에서 목회자를 청빙할 만한 형편이 되지 않으면 노회에서 청빙하지 못하게 하고 그 조건으로 청빙했다면 반드시 관리 감독하여 지급하도록 하는 제도이다. 예를 들어, 어느 개척교회가 사례를 감당하지 못할 경우는 총회선교부에서 3년 정도를 연 5만 불 이상 지원하여 돕기도 한다.

참 괜찮은 제도이다. 때때로 이민 교회의 부흥은 "한국 사역자들의 열정과 서양 교회들의 합리성 위에 성령의 은혜가 임하는 것"이라고 한다.

"사례"로부터 자유할 수 있는 "목회자."
"사례"를 책임질 줄 아는 "교회."

병아리가 먼저냐 알이 먼저냐이겠지만, 목회자의 사례는 빈 봉투에 가득 들어 있는 "은혜"가 아닐까?

성경에 일렀으되 곡식을 밟아 떠는 소의 입에 망을 씌우지 말라
하였고 또 일꾼이 그 삯을 받는 것은 마땅하다 하였느니라
(딤전 5:18).
For the Scripture says, "Do not muzzle the ox while it is tread-
ing out the grain," and "The worker deserves his wages."

나는 선한 목자라 선한 목자는 양들을 위하여 목숨을 버리거니와 삯꾼은 목자가 아니요 양도 제 양이 아니라 이리가 오는 것을 보면 양을 버리고 달아나나니 이리가 양을 물어 가고 또 헤치느니라(요 10:11,12).

I am the good shepherd. The good shepherd lays down his life for the sheep. The hired hand is not the shepherd who owns the sheep. So when he sees the wolf coming, he abandons the sheep and runs away. Then the wolf attacks the flock and scatters it.

우리 교회 성도들 읽을거리 !

31. 서엉령과 서흥령

성령이 서양에서는 '서흥령' 이 되고
동양에서는 '서엉령' 이 된다.

행복은
언제나
나를 보고
웃는다

어릴 적에 교회나 기도원에서 은혜를 받았다거나 '성령의 임재'하심을 입었다고 하는 사람들은 언제나 엉엉 혹은 펑펑 울었다. 한국의 초대교회 기록에서도 "성령께서 회개의 영으로 임하시니 밤낮 사흘을 통곡하며 바닥을 굴렀다"는 기록들이 흔하다.

캐나다에 온 이후로 접하는 서양인들의 은혜 받은 모습은 동양인들과 사뭇 달랐다. 그들은 은혜를 받거나 성령의 임재가 있으면 웃었다. 감격이나 회개의 눈물이 없는 것은 아니지만 대부분 기쁨을 누리는 모습들을 보았다.

특히 서양에서의 신비주의 운동으로 알려진 1994년 1월 20일 캐나다 토론토 국제공항 근처에 있는 에어포트빈야드교회에 집회 현상이 그 예이다. 초청된 렌디 클라크(Randy Clark) 목사의 안수를 받으면서 바닥에 쓰러지고, 소위 거룩한 웃음을 깔깔거리면서 쉬지 않고 움직이는 현상들이 있었다. 특히 쓰러지는 현상과 웃는 현상이 두드러지게 나타났다고 전해지는데 어떤 이는 집회가 끝나고 집에 갔는데도 웃음이 그치지 않았다고 전해진다. 4일간 예정된 집회는 몇 달 동안 계속되었고, 세계 도처에서 20여만 명이 참석하게 된 특이한 집회였다.

빈야드 운동이 성경적이냐 아니냐를 따질 마음은 없다. 성령의 임재를 경험했다고 하는 그 이후에 완전히 새 사람이 되어서 놀라운 하나님의 사람으로 살 수 있었다면 울은들 어떠하고 웃은들 어떠하겠나.

인상적인 것은 나 자신의 정서적인 변화이다. 한국에서 처음 새벽기도를 시작했을 때는 매일 아침 1시간씩 울부짖어 기도했다. 간간히 보는 부모의 불화를 볼 때나 대학 등록금이 없는 힘든 상황들이 끝없이 이어진 탓도 있었겠지만 그때는 눈물이 그치지 않았다. 마른 눈으로는 주님을 뵐 수 없다고 말하기도 했으니 말이다.

캐나다에 와서도 힘든 상황이 크게 달라진 것은 없었으나 더 많이 웃기 시작했다. 찬양곡들을 선정할 때도 더 밝은 노래들을 선정해서 부르는 자신을 발견했다. 나라 탓인지 영어 탓인지.

지금까지 내 신앙은 "서영령"과 함께, 이제부터 내 신앙은 "서흥령"과 함께일까?

서영령과 서흥령에 대한 나의 표현은 어디까지나 현상에 대한 것이고 본질과 본체는 성령이다. 우리의 다음 세대들도 '수박 겉 핥기' 식으로 신앙생활 하지 않고 성령의 임재를 경험하여 참된 그리스도인으로 살 수 있기를 바라는 마음 간절하다.

나의 남은 삶은 "서흥령"과 살고픈데 지난 주일 설교 시간에도 울먹였으니 나는 아무래도 한국형 성도인 모양이다.

> 내가 아버지께 구하겠으니 그가 또 다른 보혜사를 너희에게 주
> 사 영원토록 너희와 함께 있게 하시리니(요 14:16).
> And I will ask the Father, and he will give you another Coun-
> selor to be with you forever.

32. 선교와 순교

선교는 순교를 전제로 하는
숭고한 신앙적 도전이다.

2005년, 내가 리더로 가는 캐나다 원주민을 향한 여름 단기 선교를 위한 파송 예배 때였다. 대표기도 하시던 장로님께서 이렇게 기도하셨다.

주님, 원주민 순교팀을 도와 주시옵소서.

머리카락이 쭈뼛 서고 소름이 돋았다. '잠깐 열흘 남짓 원주민 마을에 갔다 오는 단기 선교팀이 아니라 완전 순교팀이었나?' 싶어서 내심 심난했다. 예배 내내 그 소리가 머리를 떠나지 않았다.

선교, 순교, 선교, 순교….

예배 후에 다른 사람들에게도 그렇게 들렸냐고 물었더니 자신들은 선교팀으로 들었다고 했다. 몇 날 며칠 마음에 박힌 그 "순교"라는 단어를 가슴에 품고 묵상하게 되었는데 깊은 울림이 있었다.

성경 어느 곳이나 또 기독교 역사의 어느 장면에서나 "선교"는 "순교"가 전제되었고 동반되었다. 하지만 선교를 배낭여행, 농촌 봉사 활동처럼 기독 청년들의 또 다른 스펙 정도로 가볍게 여기는 이 시대를 향한 하나님의 안타까운 마음이 있었다.

주신 마음 그대로 원주민 마을로 향했다. 어느 해보다 진한 감동이 있었고 하루하루 순교의 마음으로 선교에 임할 수 있었다.

그 순교의 기도는 그 장로님께서 감당하시게 되었다. 그해 가을 그 장로님께서 주님의 부르심을 받으셨다. 1000명이 넘는 성도들이 있

었지만 자원하여 늦은 밤마다 교회에 오셔서 문단속을 하셨던 분, 봄
이 되면 언제나 손수 화단에 씨앗을 뿌리며 교회를 아끼셨던 분, 아
들을 목회자로 키우고 기도하시며 평생 헌신을 아끼지 않으셨던 분
이셨다.

그 해 봄에 심어 놓으셨던 코스모스가 가을을 맞아 활짝 피었다.
바람에 흔들릴 때마다 "선교, 순교…"라고 마지막 메시지를 기억하라
는 듯했다.

이 시대의 순교는 무엇일까?

풍요와 자유 속에서의 순교를 향한 발걸음은 스스로 절제하여 과
용하지 않는 것이다. 스스로 조절하여 하나님 앞에 엎드리는 것이다.
스스로 헌신하여 이웃을 섬기는 것이다. 부르신 그 곳에서 예배하다
가 예배자로 가는 것이다.

> 누구든지 제 목숨을 구원하고자 하면 잃을 것이요 누구든지 나
> 를 위하여 제 목숨을 잃으면 구원하리라(눅 9:24).
>
> For whoever wants to save his life will lose it, but whoever los-
> es his life for me will save it.

우리 교회 성도들 읽을거리 !

33. 성공(成功)과 성숙(成熟)

"성공"하는 데 "성숙"하지 말고
"성숙"하는 데 "성공"하라.

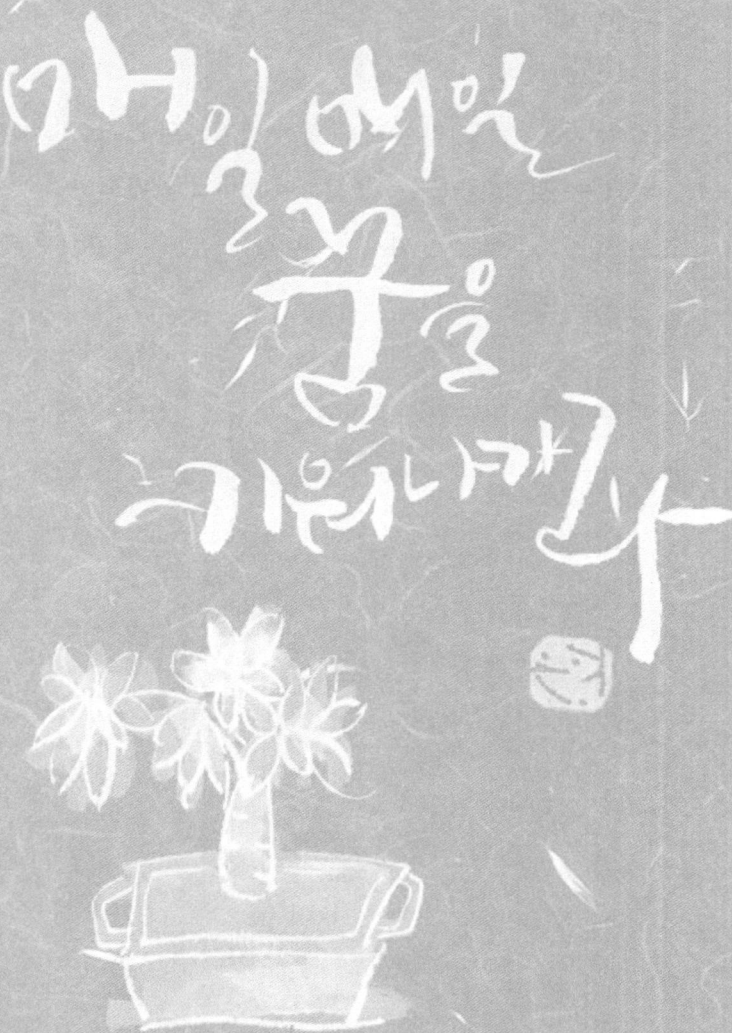

매년 봄이 되면 우리 교회에서는 성경 공부 교실들이 열린다. 우리 교회의 모든 교육 과정의 이름은 '아멘사관학교'이다. 한 나라의 최고 장교 양성 기관이 사관학교인 만큼 우리 교회의 이 교육 과정을 통해서 하나님 앞에 성숙한 그리스도인이 탄생하기를 기도하며 진행한다. 아멘사관(士官, 四觀, 四關, 四冠)학교이다.

안내 문구는 다음과 같다.

'아멘사관학교'는 '아멘사관(士官)학교'입니다.
믿음으로 성숙한 기독교 지도자 양성 과정입니다.

'아멘사관학교'는 '아멘사관(四觀)학교'입니다.
세계관, 인간관, 재정관, 영성관의 눈을 열어 주는 과정입니다.

'아멘사관학교'는 '아멘사관(四關)학교'입니다.
나와 너, 나와 가족, 나와 세상, 나와 하나님과의 관계 성숙
과정입니다.

'아멘사관학교'는 '아멘사관(四冠)학교'입니다.
영성, 인성, 지성, 감성 네 가지 분야에서 모두 최선을 이루
어 면류관을 쓰는 과정입니다.

'아멘사관학교'는 하나님의 말씀에 '아멘'으로 순종하여
행복을 누리는 인간상을 목표로 합니다.

창세 이래로 사람들은 성공에 관심이 있어서 '대박'을 꿈꾼다. 그리스도인들도 대박 응답을 기대하며 대박 응답 기도'를 한다. 하지만 에덴에서 지금까지 하나님은 '성공하라' 하신 적이 없다. 따라서 하나님의 뜻을 이루며 사는 행복한 삶은 성공하는 데 성숙하지 말고 성숙하는 데 성공하는 것이다.

그리고 우리 교회 주일학교의 이름은 '드림 랜드'이다.

> 유치부는 'FIRST DREAM'
> 유년부는 'SWEET DREAM'
> 초등부는 'POP DREAM'
> 중고등부는 'UP DREAM'
> 청년부는 '다 드림'이다.

각자가 하나님의 꿈을 품고 자신의 색깔에 충실하게 자라기를 소망하는 소망의 터전이다.

강한 용사는 강한 훈련을 통해서 탄생한다. 성숙한 성도는 강한 하나님의 군사이기도 하기에 강한 훈련과정도 감당하는 것이 옳다. 새로운 봄을 맞아 만물이 새롭게 떨치고 일어나 성숙한 여름 열매 맺는 가을을 향해 달려갈 때, 우리의 자녀들도 우리의 성도들도 우리의 조국 국민들도 함께 달려갈 수 있기를 소망한다.

> 형제들아 지혜에는 아이가 되지 말고 악에는 어린 아이가 되라 지혜에는 장성한 사람이 되라(고전 14:20).
> Brothers, stop thinking like children. In regard to evil be infants, but in your thinking be adults.

34. 성탄절과 성난절

2016년 12월 25일,
온 세계는 성탄절,
대한민국은 성난절.

지난 주일, 우리는 성탄절을 지냈다. 할머니, 아빠, 손주들인 3세대가 모여서 예배하고 이쁜 몸짓으로 축하하며 음식을 나누었다. 그런데 대한민국은 2016년에 성탄절을 보낸 것이 아니라 성난절을 보낸 듯하다. 연일 국정조사로 신경을 쓰는 의원들이나 연일 감추고 버티기에 애를 쓰는 의혹자들이나 연일 그 모습을 일일드라마 보듯 보면서 답답해 하는 국민들에게는 분명 성탄절이 아니라 성난절이었다.

캐롤 대신 구호를, 캔들 장식 대신 촛불 시위를 했다.

> 대한민국의 성탄절이 화난 성난절이 된 이유는,
> 설마했던 의혹들이 사실로 드러나고
> 아직도 숨은 의혹들이 더욱 꼬리를 물고
> 국민들의 상상 이상의 사실들이 드러났음에도 불구하고
> 아무도 그 사실을
> 아무도 그 의혹을
> 아무도 그 범죄를 시인하지 않기 때문이다.

성탄절이 기쁜 이유는, 인간에 대한 하나님의 사랑을 확증하신 예수님이 이 땅에 오셨음을 기념하기 때문이다.

로마서 5장 6절 ~ 8절에 이렇게 기록되어 있다.

> 우리가 아직 연약할 때에 기약대로 그리스도께서 경건하지 않은 자를 위하여 죽으셨도다 의인을 위하여 죽는 자가 쉽지 않고 선인을 위하여 용감히 죽는 자가 혹 있거니와 우리가 아직 죄인

되었을 때에 그리스도께서 우리를 위하여 죽으심으로 하나님께
서 우리에 대한 자기의 사랑을 확증하셨느니라(롬 6:6-8).

이 땅에 오신 예수님은 자신의 죄는 없음에도 불구하고 죄인된 다
른 사람을 위하여 대신 죽음을 감당하신 분이시다. 그래서 온 인류가
기뻐하고 그 사실을 모르는 사람조차 그 풍성한 은혜와 사랑의 파장
속에 흥겨워하는 것이다.

누군가의 죄를 대신해서 감당하면 예수님의 성탄절.
자신의 죄도 부인하며 감추면 국민들의 성난절.
2017년에는 대한민국도 성난절이 아니라 성탄절을 보낼 수
있기를 기대하며 기도한다.

하나님이 죄를 알지도 못하신 이를 우리를 대신하여 죄로 삼으
신 것은 우리로 하여금 그 안에서 하나님의 의가 되게 하려 하
심이라(고후 5:21).
God made him who had no sin to be sin for us, so that in him
we might become the righteousness of God.

우리 교회 성도들 읽을꺼리!

35. 소치(SoChi)와 도취(陶醉)

우리는 2014 동계 올림픽,
소치(SoChi)에 도취(陶醉)되었다.

2014년 2월 7일 ~ 2월 23일, 러시아 소치에서 동계 올림픽이 열리고 있다. 한국은 경기 시간의 시차 때문에 밤잠 안 자고 응원하는 모양이다. 내가 평소에 존경하고 사모하는 목사님들도 은근히 도취된 듯하다.

도취(陶醉)는 "거나하게 술이 취한 것"이 직역이고 나아가 "무엇에 홀린 듯이 열중하거나 기분이 좋아짐"이다. 목사님들은 '기도'와 '성경'에만 도취되어 사는 분들이어야 하는 것이 아닌가 하는 분들이 있는 이 위험한 세상 가운데(몰인간 이해, 몰성직 이해, 몰섬 이해, 몰올림픽 이해, 몰애국심 이해) 어느새 나도 올림픽 중계에 눈길이 갔다.

경쟁 없는 지구촌이라고 하지만 한국과 캐나다의 성적이 눈길을 화악 끌었다. 두 팀이 경기를 하면 어느 팀을 응원할까 하는 고민은 진작에 없었다. 피는 잉크보다 진하니까.

컬링은 한국 여자팀이 캐나다 여자팀에게 졌고, 3000미터 쇼트트랙은 한국이 금메달, 캐나다가 은메달이었다. 이상화 선수를 선두로 해서 재미있는 이야기들이 많았다. 특히, 3000미터 쇼트트랙은 연일 매스컴에서 "드라마다! 영화다!" 할 만큼 극적인 요소들이 있었다.

드디어 오늘, 대한민국의 김연아가 피겨 스케이팅 2연패에 도전하는 연기를 하는 날이었다. 은근히 보고 싶어서 인터넷을 찾고 찾아 "실시간 TV 생중계" 사이트를 열었다. 그런데 기대했던 것보다 화질이 마음에 들지 않았다. 특히, 전세계 2000명이 넘는 사람들이 보면서 올린다는 댓글이 눈에 거슬렸다.

김연아 선수가 74.92의 높은 평점으로 1위를 고수하고 있을 때에는 다른 선수들에 대해서 호평일 줄 알았는데 예상 밖의 혹평이었다.

아사다 마오, 엉덩방아 찧어라.

흑인 선수가 나오자,

흑형 나왔네.
율리아 리프니츠카야, 애기네.

어린 시청자들이 성숙하지 못한 태도로 지나치게 도취되어 하는 말들이구나 싶었다. 그런데 아델리나 소트니코바에게 점수가 주어졌을 때 아나운서들도 아쉬운 표현을 쏟아내었다.

엄청나게 점수를 주는군요. 아…이게 웬일입니까.

그와 동시에 내 입에서도 비슷한 말이 튀어나왔다.

저런, 에이…야이…심판들, 저!

수요일 저녁 예배를 드리고 집으로 오는 길에 그 생각에 혼자 웃었다.

그게뭐라고.

'소치'에 '도취'되어 평정심을 잃은 나를 주님께서 '조치'하실까 봐

은근히 걱정되는 밤이었다.

> 부지런하여 게으르지 말고 열심을 품고 주를 섬기라
>
> (롬 12:11).
>
> Never be lacking in zeal, but keep your spiritual fervor, serving
>
> the Lord.

그때 내가 올린 이 글을 보고 댓글을 다신 한국의 멋진 동역자들의 표현이 내겐 보약이었다. 그 즐거움과 웃음을 함께 나눈다.

피겨 심사위원 그치들…석연치 않은 판결을 자행하는 몰염치의 소치입니다….

우와 ~~~~ 평가 언어의 극치를 이루셨네요 ㅎㅎㅎㅎㅎㅎ

그치?(음율을 맞추다 보니 반말이 되었습니다)

이늠 소치 때문에 골치가 살살 아파지려 합니다. 그래도 대견한 김연아 선수에겐…,

옳치!

눈치 보느라 아무 생각 없는 백치들에겐 뽕망치 한 대!

그치들은 코치도 없나봐요! ㅎㅎㅎ

코칭을 모르는 코치들만 득실거리나요? ㅋㅋ

마치 정치인처럼 수치를 모른다 치고 방치하지요.

파렴치한 백치 천치들 고치려다 괜한 사람 마음 다치겠어요.

마치 눈치도 코치도 염치도 없는 당치 않은 골치 아픈 백치
들 그치들을 펀치보단 망치나 뺀치로 때려잡아…아치형 솥
에 넣고 그 소치의 극치와 매치시켜 펄펄 데치고 쥐치 뜨듯
도취하여도 분치 않겠다는 우리들…과연 옳지 못하단 말이
런가…!!!

에에에~~~~취. 에치.

후와…올 21세기 국대 목사님들의, 활짝 핀 말.잔.치…^^

멍청한 심판들 땜에 명치가 아팠는데 활짝 핀 말잔치 덕에
명치는 완치…^^

치치치자로 끝나는 말은, 소치-조치-꽁치-가물치-쥐치-
수치-극치-맞치-옳치-코치-마치-정치-방치-백치-천
치-고치-다치-눈치-염치-그치-펀치-망치-뺀치-아치-
매치-데치-분치-에치-말.잔.치-명치-완치.

우리 교회 성도들 읽을꺼리 1

36. 숙제 같은 삶과 축제 같은 삶

똑같은 인생을 살아도
누구는 숙제 같은 삶을 살고
누구는 축제 같은 삶을 산다.

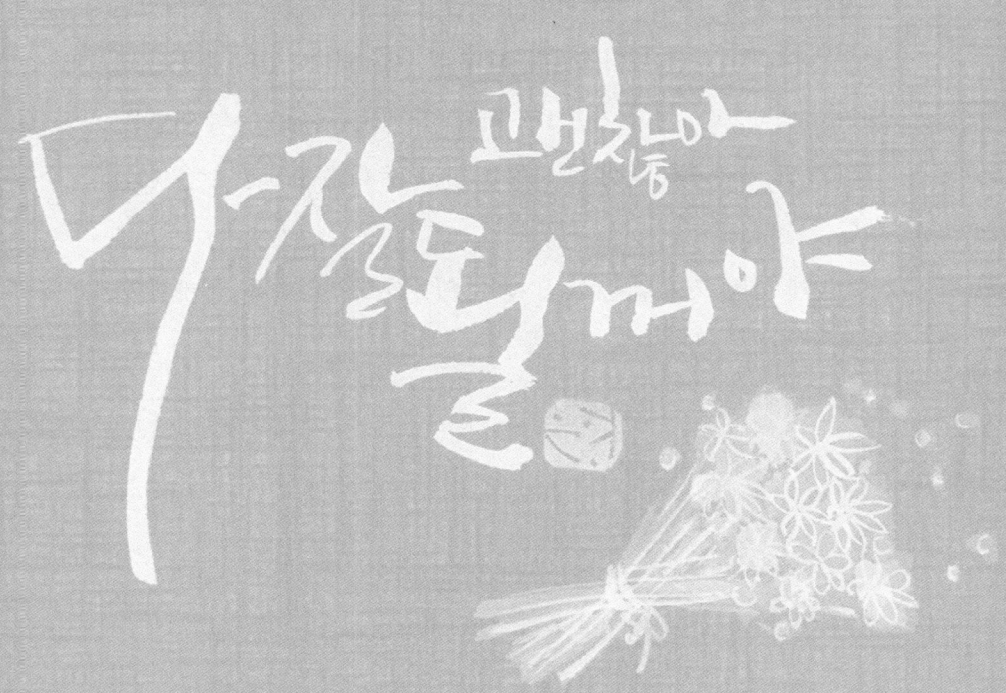

2014년에 개봉된 한국 영화 "국제시장"이 에드먼턴 극장에서도 상영되었다. 아내와 함께 막내를 데리고 가서 보았다. 나오면서 막내에게 영화 잘 봤냐고 물었더니 "양쪽에서 훌쩍거려서 잘 못 봤어" 했다. 아무튼, 덕수가 흥남부두에서 헤어진 아버지를 생각하며 고백하는 그 마지막 장면이 인상적이었다.

> 아버지, 내 약속 잘 지켰지예. 이만하면 내 잘 살았지예. 근데 내 진짜 힘들었거든예.

자신의 삶은 뒤로 한 채 아버지가 남겨 준 숙제 같은 삶을 살았던 덕수는 마침내 눈물을 터뜨린다. 대부분 우리 윗세대들의 공통된 고백이라 생각한다. 특히 이민 1세대들은 또 다른 흥남부두의 이별을, 그리고 또 다른 독일 광부의 노동을 하고 또 다른 월남전 같은 이민 생활을 한다.

어떻게 하면 축제 같은 삶을 살 수 있을까 고민하다가 세 가지 힌트를 성경에서 발견한다.

1) 무죄 선언을 받을 때이다.

> 그러므로 너희가 회개하고 돌이켜 너희 죄 없이 함을 받으라 이같이 하면 유쾌하게 되는 날이 주 앞으로부터 이를 것이요
>
> (행 3:19).

하나님 앞에 죄인 됨을 회개하고 나아갈 때 주님의 용서하심을 경험하게 되는데 그 감격으로 살면 축제 같은 삶을 살 수 있다는 말이다.

2) 기도 응답을 받을 때이다.

> 지금까지는 너희가 내 이름으로 아무 것도 구하지 아니하였으나
> 구하라 그리하면 받으리니 너희 기쁨이 충만하리라(요 16:24).

문제가 눈앞에 산처럼 펼쳐져 있을 때에는 기도할 때 숙제 같은 부담으로 살지만 응답 받을 때면 기쁨이 충만해져서 축제 같은 삶을 살게 된다는 말이다.

3) 복음의 열매를 맺을 때이다.

> 우리의 소망이나 기쁨이나 자랑의 면류관이 무엇이냐 그의 강
> 림하실 때 우리 주 예수 앞에 너희가 아니냐(살전 2:19).

하나님 앞에서 방황하는 한 사람을 돌아오게 하고 또한 그 사람이 하나님 앞에 든든히 서가는 것을 볼 때 축제 같은 삶을 살게 된다는 말이다.

요즈음 우리는 아이폰이나 자동차, 비행기 등 인류 역사상 가장 최첨단의 문명을 누리며 살고 있다. 그러나 여러 가난한 나라를 돌아보며 느끼는 것은 이 세상은 축제 같은 삶을 살기에는 너무 불공평하

고 불편하다는 것이다. 그렇기 때문에 모두가 소망하고 모두가 꿈꾸는 하나님의 나라는 반드시 임해야 한다.

　나 또한 숙제 같은 삶에서 축제 같은 삶을 날마다 소망하기에.

> 주께서 내 마음에 두신 기쁨은 저희의 곡식과 새 포도주의 풍성할 때보다 더하니이다 내가 평안히 눕고 자기도 하리니 나를 안전히 거하게 하시는 이는 오직 여호와시니이다(시 4:7, 8).
>
> You have filled my heart with greater joy than when their grain and new wine abound. I will lie down and sleep in peace, for you alone, O LORD, make me dwell in safety.

37. 순산과 난산

출산은 그 자체가 난산이다.
순산이면 기적이다.

한국에서 사역할 때였다. 내가 담당하는 교구의 한 자매가 주중에 둘째 아기를 낳게 되어 있었다. 주일 예배를 마치고 인사를 나누었다.

순산 하세요. 그리고 미리 축하해요. 몇주 못 뵙겠네요.

그 자매는 교회에서 신실하게 섬기시는 장로님과 권사님의 며느리이기도 했다. 그날 밤 10시 경에 급한 전화를 받았다.

큰일났어요. 헌혈증서를 좀 모아주세요.

주일 오후에 진통이 있어서 가까운 개인 산부인과 병원에 가서 제왕절개로 분만을 했는데 출혈이 멈추지 않는다는 설명이었다. 청년들과 성도들에게 비상 연락을 취하여 헌혈 증서를 모으라고 하고 병원으로 향했다.

중환자실 병실 입구에는 권사님께서 오열하고 있었다. 오후 5시경에 봉합 수술을 했단다.

그 이후로 수혈하는 속도보다 계속 출혈되는 속도가 빨라서 현재의 종합병원으로 8시경에 옮겨 왔다고 의사가 말했다. 벌써 11시가 가까워지고 있었다.

목회자의 자격으로 병실에 들어갔다. 큰 눈이 서글서글한 자매였는데 보이는 얼굴과 팔은 이미 핏기가 없어 창백해 보였다. 목사님이 오셨다는 말에 산소마스크를 하고 있었지만 천천히 눈을 뜨고 눈을 맞추며 인사해 주었다.

같이 기도해요.

손을 잡고 기도하는 그때, 그 순간에도 피가 빠져 나가고 있다는 생
각에 가슴이 저렸다.

병실에 머무는 동안 산소호흡기를 낀 채 그 큰 두 눈으로 힘없이
웃었는데 "괜찮아요…목사님" 하는 것 같았다.

그 자매는 12시가 지나서 주님께로 갔다.

후에 개인 산부인과 병원의사의 양심선언이 있었다. 수술 중에 동
맥을 건드렸는데 출혈이 멎지 않자 무서워서 그냥 봉합하고 큰 병원
으로 옮겼다고 했다. 나에게 남은 것은 그 큰 두 눈망울이었다.

2000년 전, 그 무서운 언덕 위 십자가에 매어 달리신 분의 눈망울
처럼…,

죄 없이 죽으시며 바라보시는….

요즈음도 출산을 앞둔 산모를 대할 때면 문득 스쳐가는 이미지가 되
었기에 더욱 기도하게 된다.

주님, 정말…순산하게 해주세요.

그리고,

십자가에서 물끄러미 바라보시던 그 눈, 그 눈을 보았던 그
제자의 가슴으로 살게 하소서.

제 구시 즈음에 예수께서 크게 소리질러 가라사대 엘리 엘리 라
마 사박다니 하시니 이는 곧 나의 하나님, 나의 하나님, 어찌하
여 나를 버리셨나이까 하는 뜻이라(마 27:46).

About the ninth hour Jesus cried out in a loud voice, "Eloi,
Eloi, lama sabachthani?" which means, "My God, my God,
why have you forsaken me?"

우리 교회 성도들 읽을꺼리 1

38. 아는 것과 하는 것

아는 것과 하는 것은 떨어질 수 없는 깨달음의 동반자

오늘이 바로 새롭게
시작하기로
굳게 다짐한 바로
그 첫날이다

토론토에서 당회원으로 함께 동역했던 장로님이 있었다. 콧수염에 작지만 당당한 체구였는데 한국에서는 잘 볼 수 없는 이미지를 가진 분이었다. 인상적인 외모만큼이나 인상적인 이력을 가진 분이었다.

캐나다 동부, 핼리팩스에서 서부 밴쿠버까지 7,600Km를 걸어서 횡단한 적이 있는 분이었다. 지구 둘레 40,075Km의 약 4분의 1에 달하는 거리를 걸은 셈이다. 1987년 6월 초부터 10월 말까지 4개월간 신발 20켤레가 다 닳기까지 걸은 것이다. 북한 동포들이 굶어 죽는다는 말을 듣고는 국제적인 관심을 불러 일으켜 모금하고 캐나다 정부의 매칭펀드(Matching Fund)를 통해 돕고자 실행한 일이었다.

8년 전에 에드먼턴에서 토론토까지 왕복 약 8,000Km를 8일간 운전해 본 나로서는 그것이 얼마나 큰 모험이었는지 실감이 났다. 그 마음만큼 결과도 좋았다고 하니 감사한 일이었다.

그런 엄청난 분과 사시는 권사님에게 그때 어떤 마음이었는지를 물어 본 적이 있었다. 그리고 대답에 그만 웃음을 터뜨리고 말았다. 그 횡단을 하는 것을 한 마디 상의도 없이 결정하고 진행했다는 것이었다.

요즈음 젊은 부부들 같으면 상상치도 못할 일이다. 몇 년 전에 권사님과 대화하는 중에도 웃지 않을 수 없는 일이 있었다. 최근에 허락을 받는다며 어머니께 큰 평면 TV를 사 드리자고 했어요. 뭘 하기 전에 이야기 한 것은 평생 처음이예요…."

그런 이력답게 안 해 보신 일이 없을 만큼 여러 가지 경험을 하셨고 그런 경험과 성향이 고스란히 교회 안팎을 섬기는 데 녹아나고 있었다. 아는 것과 하는 것은 다르다. 『바보들은 항상 결심만 한다』(팻 맥라건 지음)라는 책이 세상의 바보들에게 외치고 있다.

안다면 행하라.

깨달았다면 행하라.

믿는다면 행하라.

기억났다면 행하라.

진돗개를 한 마리 키우셨는데 어찌 보면 그 성향이 닮은 것 같았다. '옳다 이거다'라고 생각하면 절대 포기하지 않으시는 그 성향과 작으면서도 다부진 체구가 어쩌면 탱크보다 진돗개의 이미지가 더 어울린다고 할 수 있겠다.

혹시, 이 글을 토론토에서 보시면 화가 나서 이곳 에드먼턴까지 오실지도 모르겠다. 왜, 남에 대해 허락도 없이 글을 썼느냐고 따지실지도 모르겠다. 그런데 새삼 궁금해진다.

따지러 오신다면 비행기로 오실까?

차로 오실까?

그때처럼 걸어 오실까?

지금은 은퇴 장로가 되셨는데 불쑥 나타나셔도 반가운 얼굴을 보고 싶고 그 다부진 몸을 안아 보고 싶다.

> 자녀들아 우리가 말과 혀로만 사랑하지 말고 행함과 진실함으로 하자(요일 3:18).
>
> Dear children, let us not love with words or tongue but with actions and in truth.

39. 아름다움과 다름다움

빨간꽃의 아름다움과
노란꽃의 아름다움이 어우러질 때
다름다운 화원이 된다.

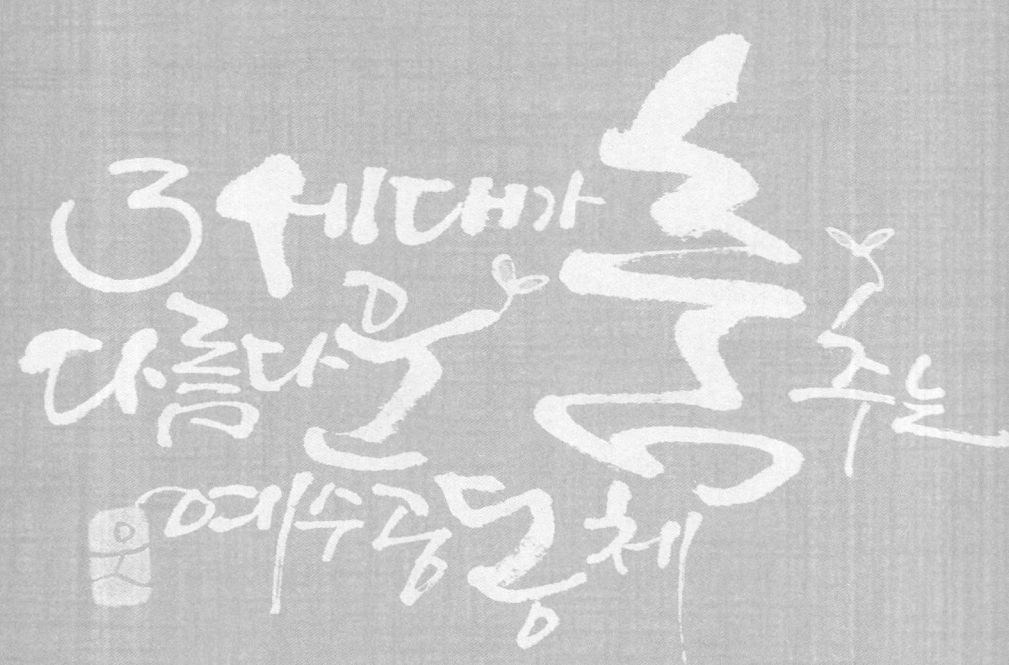

2011년부터 한국에 교회의 인쇄물을 맡기면 잘못 보내오는 일들
이 생겼다. 우리 교회 표어가 "3세대가 춤추는 다름다운 예수 공동
체"이다. 그런데 "3세대가 춤추는 아름다운 예수 공동체"로 고쳐서
보내는 것이다. 그 후에는 아예, 주보에도 요람에도 달력에도 다름다
움의 의미를 써 놓기로했다.

"다름다움"은 국어사전에 없는 단어이기는 하다. 캐나다에 와서 살
고 목회를 하면서 내가 만든 단어이다. 다르다와 아름답다의 합성어
로서 다르기 때문에 더 아름답다는 뜻이다.

다르다는 것은 창조의 원리이다.
다르다는 것은 생명의 원리이다.
다르다는 것은 아름다움의 원리이다.

특히, 캐나다는 복합 문화주의를 표방하는 나라이기 때문에 더욱
알록달록한 인종들의 나라이다. 또한 이민 교회는 다양한 비자 상황,
다양한 경력, 다양한 영어실력 등 이루 다 말할 수 없는 다양성이 공
존한다. 한국에서는 맛보지 못하던 다양함이 많다. 그래서 한국의 획
일적이고도 집단적인 문화에 물들어 있는 사람은 그 다름을 힘들어
한다. 때로는 그래서 마음에 맞는 사람들끼리 교회를 분리하는 아픈
모습을 본다.

10여 년 전에 우리 집의 막내와 놀이터에 가서 놀았던 적이 있었
다. 신기한 것은 미끄럼틀과 그네 주위에서 노는 다섯 아이들의 얼굴
색이나 인종이 다 달랐다. 해가 어둑어둑해지자 각자의 엄마들이 아

이들을 챙겨서 집으로 가기 시작했다. 그런데 각각 무슨 말을 하는데 꼭 그 말을 알아듣는 아이만 반응을 했다.

웃음이 절로 번졌다. 그렇게 민족과 얼굴이 달라도 놀이터에서 같이 어울려서 노는 데는 아무 문제가 없었다. 순수한 마음으로 서로의 다름을 인정하고 용납할 때 즐거이 함께할 수 있다는 힌트를 얻었다. 천국에 가면 캐나다의 놀이터 같겠다는 생각이 들어서 한 번 더 웃을 수 있었다.

각 세대도 다르다. 1세대와 이민국 현지에서 태어난 2세는 완전히 다른 종족이다. 또 그 사이에 없는 듯하나 분명히 존재하는 1.5세라는 종족도 있다. 그러나 서로의 아픔과 다름을 이해하고 안아줄 때 더없이 좋은 가정, 교회, 가문이 된다. "나는 아브라함과 이삭과 야곱의 하나님이니라"고 자신을 3세대의 하나님이라고 즐겨 소개하신 이유가 있으리라.

> 우리는 다 다르다. 그렇지만,
> 하나님의 말씀으로 하나가 된다.
> 하나님의 사랑으로 하나가 된다.
> 하나님의 한 영으로 하나가 된다.
> 하나님의 소망으로 하나가 된다.

21세기는 아름다움을 넘어 다름다움의 세계이다.

주여 주의 지으신 모든 열방이 와서 주의 앞에 경배하며 주의

이름에 영화를 돌리리이다(시 86:9).

All the nations you have made will come and worship before

you, O Lord; they will bring glory to your name.

우리 교회 성도들 읽을거리 !

40. 역주행과 육주행

상대방을 향해 욕하지 마라,
당신의 역주행일 수도 있다.

어느 성도가 운전하다가 입에서 터져 나오는 욕을 막을 수 없었다.

저런, 개…이…쉬…도대체 운전을…죽을라고….

오죽했으면 꽤나 점잖은 그분의 입에서 그런 말이 흘러 나왔을까?
생명의 위험을 느끼는 '역주행' 상황을 경험했기 때문이었다. 그런
데 그 다음 차도 불을 환하게 켜고 오더란다. 순간, 자신이 역주행하
고 있음을 깨닫고는 불을 껌뻑이며 갓길로 차를 세웠단다. 캐나다의
도로 상황, 운전자들의 방어운전 습관 등으로 인해서 오히려 서행하
며 배려해 주었기에 망정이지 큰일 날 뻔했다는 것이다.

易地思之(역지사지: 상대편과 처지를 바꾸어 생각하라).

운전할 때뿐만 아니라 "인간관계"가 더욱 중요시되는 21세기에 더
욱 필요한 마음가짐이다.

선생님과 제자
사장과 노조
여당과 야당
부모와 자식
미국과 이라크
그리고 인류 역사상 가장 오래된 대치관계인, 안해와 남푠(
아내와 남편).

영어식으로는 "Put your self in another's shoes" 하기도 한다(다른 사람의 신발을 신어봐야 다른 사람의 입장에서 생각 할 수 있다는 말이다). 우리 안에 있는 판단과 비난의 경계는 애매하다. 자신과 공동체를 보호하기 위한 긍정적인 의미에서의 평가, 판단, 분석은 필요하다. 그러나 성급하게 이어지는 비난과 험담은 함께 더 어려운 상황에 빠지게 한다.

이 시대를 살아가는 데 있어서 '운전,' '관계'는 얼마나 어려운지….

욕주행과 역주행.

나에게 있어서 '운전'과 '관계'는 두 마리의 토끼이다.

비판을 받지 아니하려거든 비판하지 말라(마 7:1).
Do not judge, or you too will be judged.

우리 교회 성도들 읽을꺼리 1

41. 영으로 하는 목회와 영어로 하는 목회

영으로 목회할 때가 있고
영어로 목회할 때가 있다.

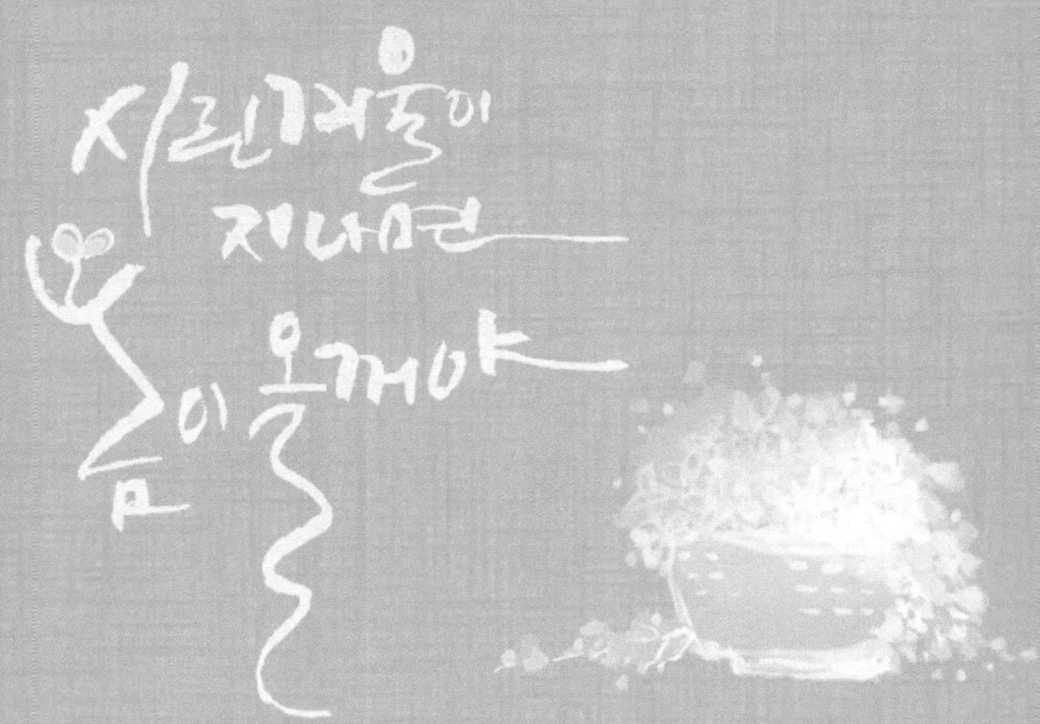

한국에서 부교역자로 사역하던 어느 금요일 저녁 기도회 시간이었
다. 앞에서 찬양 인도를 하고 있었는데 마주 보이는 본당의 출입문이
활짝 열렸다. 약 50대로 보이는 중년의 여자분을 교역자 두 분이 양
쪽에서 부축을 하고 찬양이 울려 퍼지는 본당 안으로 들어오려고 했
다. 그러나 무슨 까닭에서인지 들어오지 못하고 몇 번이나 주춤거리
며 뒤로 물러났다. 그렇게 몇 번을 더 시도하더니 포기했는지 문을
닫고는 들어오지 않았다. 들어오지 못했다고 말하는 것이 더 옳을 듯
하다.

집회가 끝나고 그 여자분을 부축했던 교역자에게 물어 보았는데
참으로 놀라운 이야기를 했다. 몇 년 전부터 몸이 심하게 아프면서
누군가 끊임없이 옆에서 말을 하는데 그 말을 듣지 않으면 계속 아팠
다고 했다. 그래서 남편과 아이들 모르게 집을 은행에 저당 잡고 대
출을 하여 시내에 방을 얻었단다. 그리고 점을 보며 굿을 하는 일을
시작했다는 것이다.

그렇게 2년을 지냈는데 그사이 남편과 자식들이 알게 되었단다.
안타깝게도 저당잡힌 그 집을 잃었고 그때는 작은 주공아파트로 이
사를 한 상태였다.

가족들의 관계가 깨어지고 경제적으로도 심한 어려움 속에서 어찌
할 바를 몰랐다고 한다. 그때 마음 속에서 또 다른 하나의 생각이 떠
올랐단다.

교회에 가면 살겠다는….

그래서 전화번호부에서 교회를 찾기 시작했는데 그 많던 교회를
아무리 찾아도 찾을 수 없더란다. 지금 생각해보면 그때 귀신이 눈을

가린 것 같다고 했다. 마침 생각난 것이, 교회에 다니는 가까운 미용실의 아주머니가 생각났단다. 그리고 그 걸음에 달려 가서 부탁을 했단다.

제발 저 교회에 좀 데려다 주세요.

그날이 바로 그분이 나타났던 그 금요일 저녁이었다.

며칠이 지난 후, 담임목사님과 여러 교역자들이 함께 첫 심방을 갔을 때의 일도 잊을 수가 없다. 성경을 한 구절 찾아서 읽어 달라고 부탁을 했지만 혀가 꼬여 읽어 내지를 못하였다. 무릎을 꿇고 않아서 계속 안절부절못하는 모습을 보였다.

그 다음 날부터 동네에 함께 계시는 성도들의 도움을 받아 새벽기도에 참석하였다. 내가 그분이 속한 교구의 담당 교역자였다. 그러다 보니 그 후에 더 자주 방문하여 예배하게 되었다.

약 4개월이 지났을 때 그분은 온전해지셨다. 그동안 굿하고 점을 보기 위해 사 놓았던 모든 집기를 버리고 불태웠다. 이전과는 너무나 다른 정숙한 여인으로 변화된 모습이 신기하기만 했다. 우리가 방문할 때면 웃음을 되찾은 얼굴로 우리를 밝게 맞이하였다. 예배할 때 성경을 읽고 찬송하는 데 전혀 지장이 없었다. 대학과 직장에 다니는 자녀들도 감사하다며 인사를 잊지 않았다.

악한 귀신으로부터 자신을 자유케 하고 가정을 새롭게 해 주신 살아계신 하나님께 끊임없는 감사를 올렸다.

캐나다에 온 이후로도 악한 영에 눌려 힘들어 하는 그런 일들을 더

러 겪지만 자주 있는 편은 아니다. 하지만 캐나다에서는 영어 때문에 곤란해 하는 사람들을 더 많이 돕게 된다. 이민 목회가 힘들다고 하는 이유는 어쩌면 목회를 영으로만 하는 것이 아니라 영어로도 해야 하기 때문일 수도 있다.

> 살리는 것은 영이니 육은 무익하니라 내가 너희에게 이른 말은 영이요 생명이라(요 6:63).
>
> The Spirit gives life; the flesh counts for nothing. The words I have spoken to you are spirit and they are life.

우리 교회 성도들 읽을꺼리 1

42. 옥 목사님과 오 목사님

"옥 목사님"과 "오 목사님"의 차이는 "ㄱ"이다.

미국의 어느 이민 교회 담임목회자 청빙 광고가 나왔는데 이를 보며 혼자 한참을 웃었다.

이민 목회 경력 5년 이상,
45세 이상…

일반적인 이민 목회자 청빙 광고와 별 다르지 않았는데 맨 아랫줄의 마지막 한 줄이 나를 놀라게 하였다.

박사 학위 소지자는 응모할 수 없습니다.

한국 사랑의교회에서 오 목사님의 박사 학위 논문 표절 시비가 터지고 난 직후였다.

아내에게는 아내의 기본이 있고
남편에게는 남편의 기본이 있다.
정치인, 경제인, 학자, 의료인보다 목회자의 기본이 더 중요하다.
신앙과 사역자의 기본은 '깨끗한 양심'과 '믿음의 비밀'이라 했다.

옥한흠 목사님과 오정현 목사님은 공교롭게도 두 분은 성이 'ㄱ' 받침 한 자가 달랐다. 'ㄱ'은 아마도 '터 기(基)'의 기본 'ㄱ'이 아닐까?

이번 경우를 두고 우려하는 목소리는 참으로 다양하다.

내가 아는 사역자들 중에는,

오 목사! 내 진작 알아 봤다!

사랑의교회가 포인트를 잘못 다루고 있다!

옥성호 집사가 잘못 지켰다!

은퇴 목사님들의 한계다!

한국 리더쉽 교체의 적나라한 모습이다!

은퇴 목사님은 과거, 내가 섬겼던 교회에 대한 욕심.

새로운 담임은 지금, 내가 섬길 교회에 대한 욕심.

다 잊어야 하고 버려야 한다.

모두 한걸음 물러서야 한다.

한국 교회의 리더쉽 교체에 대한 진통을 두고 아픈 농담을 하는 것을 듣기도 한다.

한국 교회에서 은퇴를 하면 적어도 700Km를 벗어나야 한다.

외국을 가든지 천국을 가야 된다는 말이다. 아마도 후임자들이 지어낸 말이리라.

주님의 교회는 바울처럼 성령과 그의 말씀에 온전히 맡기고 사역자는 오늘도 내일도 다시 한 번 "기본"에 충실하기를 몸부림쳐야 할 것을 배운다. 오늘 또한 곧 평가받을 내일의 과거가 될 것이기 때문이다.

두 분 다 내게는 금쪽 같은 목회의 선배님들이다. 한국 교회와 목회자들이 모두 아픈 성장을 함께 겪고 기본기가 충실해지기를 소망하며 기도한다.

> 깨끗한 양심에 믿음의 비밀을 가진 자라야 할지니(딤전 3:9).
> They must keep hold of the deep truths of the faith with a
> clear conscience.

우리 교회 성도들 읽을꺼리 1

43. 욱과 꾹

"욱"하는 성질 "꾹" 하고 참아라.

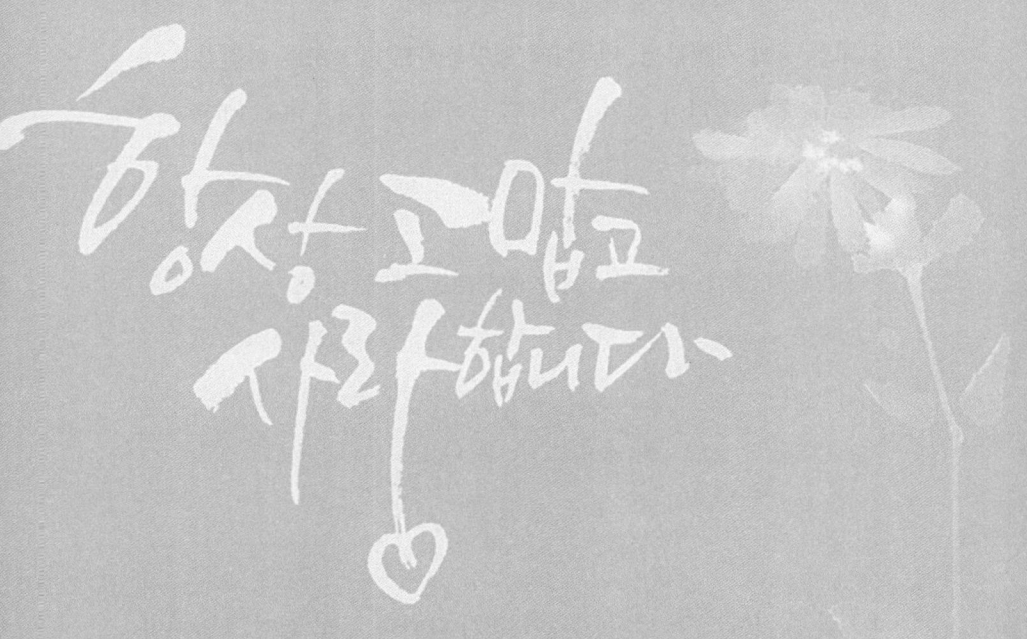

새벽기도 후에 담소가 시작되었다.

> 아이고 권사님, 평생 장로님은 그렇게 무던~~하셨어요?
> 아니예요, 목사님. 우리 장로님도 '욱' 하는 성질이 있어요.
> 한번, 버럭 소리 지르시면 난리가 나요….

결혼하신 지 40년을 넘긴 두 분의 말씀이다.

교회의 창립 시절부터 지금까지 평지풍파도 많았지만 한결같은 마음으로 교회를 지키며 섬겨 오신 두 분이다(두 아들은 미국, 캐나다에서 목회를 하고 있다).

> 결혼하기 전에 우리 장로님은 예수님을 안 믿었어요….
> 그래도 사람은 좋았는데…한번씩 욱! 하는 성질이 있어서….
> 요즈음은 농담도 잘 하시고 성질도 안내고 얼마나 이뿐지….
> (9살 많으신 장로님의 얼굴을 쓰다듬으신다. 장로님은 가만히 계신다.)

교회를 섬기다가 속 터지는 일이 생길 때마다 무척 힘이 들었지만 그 모든 시간들을 '꾹' 참으시고 오늘을 맞으셨다는 것이다.

요즈음 '분노조절 치료프로그램'이 그 어느 시대보다 성행하고 있다. 사회에서도, 교회에서도 어느 때보다 더 필요한 것으로 보인다. 여러 상담가들이 다양한 방법들을 제시하고 있다.

심호흡을 세 번 이상 하세요.

글을 적어 보세요.

그 자리를 피하세요….

나에게도 나만의 두 가지 방법이 있다.

하나는 책을 읽는 것이다.

화가 치밀어 오를 때 평소에 쉽고 재미있었던 책을 찾아 한쪽 구석에서 읽기 시작한다. 한 번 해 보시라. 신기하게도 정신이 멀쩡해진다.

다른 하나는 미루는 것이다.

인간은 대부분 미루는 습관이 있다. 다만 화내는 일은 절대 미루지 않는다. 하지만 나는 언제부터인가 화내는 것을 미루기로 했다. 내일 혹은 다음 달 이날 혹은 내년 이맘때 즈음에 화를 내야겠다고 결정하는 것이다.

두 가지 모두 이성과 의지력을 통한 감정 조절에 해당하는 셈이다.

"욱"에 해당하는 감정은 "편도핵"이 조절하고

"꾹"에 해당하는 이성은 "전두엽"이 조절한다고 하니,

"욱"을 다스리는 나만의 비법이 어느 정도 근거가 있는 것이다.

담임 목회하면서 나의 독서량이 부교역자 시절보다 적어도 5배 가량 늘어났는데 나의 "욱"하는 성질과 관련이 있을지도 모르겠다. 읽던 책을 집어 던질 때도 있지만 말이다.

노하기를 더디하는 자는 용사보다 낫고 자기의 마음을 다스리

는 자는 성을 빼앗는 자보다 나으니라(잠 16:32).

Better a patient man than a warrior, a man who controls his

temper than one who takes a city.

44. 죽기와 웃기

선천적인 "끼"보다 후천적인 "잘 웃기"와
"잘 죽기"가 중요하다.

지난 달에 있었던 6개 교회 공동 행사를 주관해서 마치고 나올 때였다.

이번에도 목사님이셨어요?
목사님, 너무 재미있어요.
목사님, 인기가 최고예요.

"감사합니다, 감사합니다…" 하다가 나는 한 마디 곁들였다.

목사가 사람들에게 인기 많으면 뭐해요, 하나님의 신기가 있어야지요.

그렇게 말하고 나서 또 같이 한바탕 웃었다.

삶에 꼭 필요한 선천적 재능을 '끼'라고 한다. 이런 선천적인 재능은 어떤 분야에서 후천적인 노력으로 이룰 수 있는 수준 이상의 것을 이루게 하기도 한다. 특히, 연예인들에게는 무대 위에서나 대중앞에서 섰을 때 떨지 않고 오히려 더 흥이 나서 잘할 수 있는 '끼'가 중요하다고 한다.

하지만 인생을 조금 살아보니 선천적인 '끼'보다 후천적으로 더 중요한 '끼'가 있다는 것을 더 느낀다.

그것은 '잘 웃기'와 '잘 죽기'다.

'잘 웃기'에 대해서는 이미 많은 사람들이 그 중요성에 대해서 많이 언급하였다.

웃음 치료

웃으면 복이 와요.

'잘 죽기'에 대해서는 아직 종교계에서만큼 일반인들은 인식하지 못하고 있는 것 같다. 최근 의학계에서 'Thanatology'(죽음학)에 대해서 이전보다는 조금 더 관심을 보이고 있다. 한국에서는 따뜻한 가정문화를 중심으로 좋은 문화 운동을 지속적으로 벌이는 단체, '하이 패밀리'(대표, 송길원 목사)가 '세 이레의 기적'이라는 프로그램을 통해서 계몽을 하고 있다.

중세교육의 기초를 바로 '카르페 디엠'(*Carpe diem*)과 '메멘토 모리'(*Memento mori*)로 정리할 수 있다. 이는 '오늘을 살아라, 그리고 네가 죽는다는 것을 기억하라'는 말인데 잘 살기 위해 먼저 죽음을 염두에 두는 지혜로운 교육 방법에 해당한다.

요즈음 식지 않는 열풍인 웰빙(Well-being)을 위해서는 '잘 웃기'가 최고이고 웰다잉(Well-dying)을 위해서는 잘 준비된 죽음인 '잘 죽기'가 최고라는 말이다.

우리의 소소한 삶 가운데서도 필요한 '끼'가 있다.

기어에는 '기름기'

버터에는 '느끼'

부부간에만 '색기'

아프리카에는 '한 끼'

젊은이에게는 '똘끼'

버릇없는 아이에게는 '옛끼'
연예인에게는 '인기',

목사로 살아가는 나에게는 '신기.'

우리 교회 성도들 읽을꺼리 1

45. 징그러운 사람, 싱그러운 사람

당신은 누군가에게 '징그러운 사람'인가?
'싱그러운 사람'인가?

아내를 한참 쳐다볼 때가 있다.

"왜?" 하고 묻는다. "역시 사람은 외모로 취해야 해" 하면, "어디 가서 그런 소리 제발 하지 마라" 한다.

언제나 애인 같은 아내는 '싱그러운 사람'이다.

평~생 웬수 같은 남편은 '징그러운 사람'이다.

맵씨와 맘씨를 비교해 본다면,

1) 맵씨는 징그러운데 맘씨는 싱그러운 사람.

2) 맵씨는 싱그러운데 맘씨는 징그러운 사람.

3) 맵씨도 징그럽고 맘씨도 징그러운 사람.

4) 맵씨도 싱그럽고 맘씨도 싱그러운 사람.

1)은 다행인 사람(뚝배기보다 장맛인 사람).

2)는 위험한 사람(안팎이 달라서 조심해야 할 사람).

3)은 안타까운 사람(생긴대로 노는 사람).

4)는 나 같은… 아니, 되어야 할 사람.

천만다행인 것은 하나님은 맘씨만 본다는 사실이다.

너도 다행이고 나도 다행이다.

어려서도 다행이고 늙어서도 다행이다.

징그러운 사람 탓하지 말고
싱그러운 사람 되라.

이 징그러운 세상에
너까지 징그러우면 무슨 희망으로 살아가랴.

너, 그리스도인이여,
싱그러운 사람이 되라.

나이와 상관없이
싱그러운 사람이 되라.

징그러운 세상, 살맛 나게 하는 싱그러운 사람으로 살아야 한다.
'싱거운 사람'이 아니다.

> 여호와께서 사무엘에게 이르시되 그의 용모와 키를 보지 말라
> 내가 이미 그를 버렸노라 내가 보는 것은 사람과 같지 아니하니
> 사람은 외모를 보거니와 나 여호와는 중심을 보느니라 하시더
> 라(삼상 16:7).
> But the LORD said to Samuel, "Do not consider his appear-
> ance or his height, for I have rejected him. The LORD does
> not look at the things man looks at. Man looks at the outward
> appearance, but the LORD looks at the heart."

46. 제멋대로와 주 멋대로

성도는 제멋대로 사는 사람이 아니라
주 멋대로 사는 사람이다.

아들 이랑이가 얼마 전 사춘기 시절의 한 가운데 서 있을 때였다. 어느 날 다가와서 말했다.

아빠, 귀뚫어도 되나?

순간, 어떻게 대답해야 할지 몰라서 머뭇거렸다. 된다고 하면 "목사 아들이 귀나 뚫어 다닌다"고 사람들이 입 댈 것이 눈에 선-하고, 안된다고 하면 "아, 아버지가 목사인 것이 나는 싫어" 하면서 PK(Pastor's Kids) 증후군에 시달릴 것 같고.

그뿐이 아니었다. 아침마다 화장실에 들어가면 나올 줄을 몰랐다. 나온 후에 들어가 보면 조금씩 자른 머리카락이 세면기에 수두룩하고 사용하고 뚜껑을 열어놓은 헤어젤하며…,

매일 아침 속을 뒤집어 놓았다. 참다 못해 어느 날 한 마디 했다.

야, 그 껍데기에 신경 좀 안 쓸 수 없나…?

그랬더니 나를 쳐다보지도 않고 계속 거울을 보며 대답했다.

한창 그럴 때 아이가….

오히려 내 말문이 막히는 순간이었다. 안다는 것이었다.

그날, 나는 아들의 모습에서 나를 보았다. 또한 성도를 보았고 목사를 보았다.

사춘기는 한때이지만…어쩌면 우리는 평생 제멋대로 살기를 고집한다.

어떤 의미에서 성도는 제멋대로 사는 것을 내려 놓고 주님의 뜻대로 주님의 기쁨대로 살기를 약속한 사람이다.

그 중에서도 목사는 주 멋대로 살기로 아예 대놓고 작정한 사람이고 공약한 사람인데 아직도 제멋대로 살고 싶어서 얼마나 몸부림을 치는지 모른다. 귀 뚫어도 되냐고 물었던 그 다음날 아들이 또 묻길래 말했다.

뚫어라. 니 귀 아프지 내 귀 아프나?

귀 뚫는 그 고통은 아들이 감당하기로 했고 사람들의 입방아는 아비가 감당하기로 했다. 아직 '주님의 멋'을 몰라 '제 멋'을 선택하는 아들을 품어주기로 한 것이다. 아들은 그 주말에 가서 한쪽 귀를 "뽕" 뚫어서 왔다. 그리고 한 2주 동안 소독을 하며 난리를 쳤다.

그 후 집회 갈 일이 있어서 먼 지역에 갔다 오는 공항에서 깜찍한 귀걸이 하나를 샀다. 면세점 직원이 물었다.

따님 주시게요?(물론, 영어로)
아뇨, 아들 주려구요.^^
우와, 멋진 아빠이시네요!

기도가 저절로 나왔다.

주님, 아들이 얼른 주님의 멋을 알게 해 주세요.

아들이 지난 여름에 '니카라과 단기 선교'에 참가하고 나서는 눈빛
이 선해졌다. 얼굴도 밝아졌다. 찬양단에 들어가서 찬양하기 시작했
다. 공부를 하기 시작하더니 대학에 들어갔다.

가을마다 아들은 점점 "제 멋"을 넘어 "주 멋"으로 물들어 가고
있다.

그러므로 우리가 낙심하지 아니하노니 우리의 겉사람은 낡아지
나 우리의 속사람은 날로 새로워지도다(고후 4:16).

Therefore we do not lose heart. Though outwardly we are
wasting away, yet inwardly we are being renewed day by day.

우리 교회 성도들 읽을거리 !

47. 처복과 천복

처복(妻福)이 천복(天福)이다.

그대를 사랑합니다
Forever

며칠 전에 재야정치 논객이라고 불리우는 유시민 씨가 정치토론 방송에서 인명(人命)은 재천(在天)이요, 남명(男命)은 재처(在妻)라고 했다. 사람의 운명은 하늘에 달렸고 남자의 운명은 아내에게 달렸다는 말이다.

그 글을 보고 한참을 웃었다. 개인적으로 유시민 씨의 어록 중에서 가장 마음에 드는 표현이 되었다. 아마 자신도 정치생활보다 가정생활이 더 어렵다는 것을 느낀 모양이다.

인생은 여자의 품에서 시작되어 여자의 품에서 끝난다. 인생의 반은 엄마의 품이고 인생의 반은 아내의 품이다. 처음 여인, 엄마는 선택할 수 없지만 마지막 여인인 아내는 선택할 수 있다. 그러니, 좋은 아내를 만나기 위해 기도할 수밖에 없다.

하루는 소크라테스에게 제자들 중 한명이 "스승님, 결혼은 해야 합니까, 말아야 합니까?"라는 질문을 했다고 한다. 그때 소크라테스는 이렇게 말했다고 전해진다.

> 반드시 결혼해라.
> 좋은 아내를 얻으면 행복할 것이고,
> 나쁜 아내를 얻으면 철학자가 될 것이기 때문이다.

행복한 사람이 되는 것과 철학적인 사람이 되는 것은 아내를 만나는 시점이 중요한 것으로 보인다. 소크라테스는 결혼한 후에 더 유명한 철학자로 알려졌다. 그런 점에서 나는 결혼 이후에 철학을 공부하지 않고 결혼 이전에 공부했음을 참으로 다행스럽게 여긴다. 나는 소크라테스보다 행복한 사람이다.

아내가 이 글을 꼭 보아주기를 간절히 소망한다.

> 누가 현숙한 여인을 찾아 얻겠느냐 그의 값은 진주보다 더 하니
> 라(잠 31:10).
> A wife of noble character who can find? She is worth far more
> than rubies.

우리 교회 성도들 읽을꺼리 1

48. 통닭 파티와 통독 파티

통닭을 맛있게!
통독을 즐겁게!

우리 청년부에서 하루 날밤을 새우며 공관복음 위주로 성경 통독을 한다고 했다. 그 제목이 "통닭 파티"와 "통독 파티"란다. 청년부를 담당하시는 목사님의 전설적인(신문방송학 전공) 카피라이터 실력이 드러나는 순간이었다.

이 시대는 이미지의 시대이다. 그러다 보니 온통 이미지에 눈길을 다 뺏긴다. 특히, 영상 이미지이다.

성경 한 번 읽은 성도들이 손에 꼽을 정도의 시대이다. 이럴 때 이런 즐겁고 맛있는 신앙 이미지가 신앙생활을 더없이 즐겁게 한다. 성경에는 신앙생활에 맛있는 이미지를 많이 사용하고 있다.

자칫 딱딱하게 보이는 말씀 이미지를 맛있는 감각 이미지로 바꾸어 표현한 부분들이다.

> 너희는 여호와의 선하심을 맛보아 알지어다 그에게 피하는 자는 복이 있도다(시 34:8).
>
> Taste and see that the LORD is good; blessed is the man who takes refuge in him.

> 주의 말씀의 맛이 내게 어찌 그리 단지요 내 입에 꿀보다 더 다니이다(시 119:103).
>
> How sweet are your words to my taste, sweeter than honey to my mouth!

통닭은 생각할수록 맛있다. 영양이 있다. 풍성하다. 특히, 오븐에

구워서 기름이 쫘—악 빠진 다리살을 바베큐 소스에 푸—욱 찍어 먹는 맛은 잊을 수 없다.

성.경.통.독.도 그러하다.

그 옛날,

시편 기자가 말하고자 했던 그 은혜와 말씀의 맛이, 시대를 따라 바뀌었다.

'꿀'에서 '통닭'으로….

특히 한국인들은 그 어감에서 느끼는 맛이 남다르다. 맛이 가히 두 배, 세 배라 할 수 있겠다.

나중에 주님 앞에 섰을 때, 주님께서 이렇게 물을 수도 있지 않을까?

너, 세상에 있을 때, 껌 좀 씹었냐?

그때 이렇게 대답할 수 있기를 바란다.

아닙니다. 저, 통닭 좀 뜯었습니다. 아니요. 통독 좀 했습니다.

네 자녀에게 부지런히 가르치며 집에 앉았을 때에든지 길을 갈 때에든지 누워 있을 때에든지 일어날 때에든지 이 말씀을 강론할 것이며(신 6:7).

Impress them on your children. Talk about them when you sit at home and when you walk along the road, when you lie down and when you get up.

49. 항복과 행복

'행복'(幸福)하려면 '항복'(降伏)하라.

요즈음 알버타 주의 경기가 3년째 불황을 맞았다.

부자는 망해도 3년은 간다고 했는데 이제 남은 부자가 없을 지경이다. 최근에 이민 온 어떤 이는 요즈음 체감경기가 한국에서 겪었던 "IMF" 같다고 했다. 점점 목을 죄어 오는 주택 모기지로 집을 팔아야하나 하고 고민하는 집이 한 두 집이 아니다.

지난해 우리 교회 가족들 중에서만 해고된 가장들이 25명에 이르기도 했다. 모두 다 한 가정의 아버지이기에 4식구를 한 가정으로 치면 100명이 경제몸살을 한 셈이다. 사정이 이렇다 보니 사소한 문제로도 다투게 되어 부부문제가 더 불거진다. 들판에 풀이 적으면 양들이 늑대가 되어 목자를 잡아 먹는다는 이야기처럼 서로 으르릉거리거나 아예 말을 안 하고 사는 부부가 많다고 했다.

한국에서 대부분 자란 가장들이라서 대부분 직장에 가지 않을 때는 시간을 어떻게 보내야 할지를 모른다고 했다. 아이들을 등하교까지는 시키겠지만 이곳 캐나다 남편들처럼 수영장에 데리고 가거나 하키장에 데리고 가서 있는 것도 어색하다고 했다. 초조해서 그런지 끊었던 담배도 다시 피우기 시작했고 이력서를 돌리는 것도 지쳐서 집에만 있다고들 했다. 아내들은 그런 남편들이 못마땅해서 잔소리, 긴소리, 큰소리를 해 댄다.

어제는 그 유명한 발렌타인데이였다. 그랬다. 누군가에게는 그랬을 것이다. 어떤 한국 부부에게도 그랬을 수 있다. 하지만 대부분의 한국 부부들은 "발렌타인데이 같은 발랑 까진 소리 하지 말고 집에나 있자"고 하는 분위기였다고 했다.

부부가 살다보면 이런 일, 저런 일을 겪으면서 미운정, 고운정이

들게 된다. 그래서 처음에는 사랑으로 살지만 점차 의리로 살게 되고 그 다음에는 동료애, 전우애, 인류애로 산다고 하는 것이리라.

모든 사람은 결국 무엇엔가 항복하고 산다. 돈, 기대, 분노, 두려움, 자만심, 욕망, 자아 등 그 대상이 다양하다. 인생에서의 행복을 위해 꼭 먼저 항복해야 한다면 부부가 서로에게 항복하고 사는 것이다. 때로는 힘들어서 냉각기를 갖더라도 생각기라 여기며 한 고비 또 한 고비 넘기면 될 일이다. 쓸데없이 이기려고 하지 말고 항복하는 것이 지혜이다. '항복'은 '행복'에 대한 적극적인 반응이다. '할복'은 '항복'에 대한 극단적인 반항이다.

> 만약 당신이 하나님께 항복하지 않는다면 당신은 큰 혼돈앞에 항복하게 될 것이다.
>
> — E. 스탠리 존스 —

> 일평생 행복하려면 아내에게 항복하고
> 영원히 행복하려면 하나님께 항복하라.

이렇게 말하고 싶다. 서로가 희생할 때 모두가 회생할 수 있다. 서로에게 자유를 줄 때 모두는 여유로워진다. 믿는 사람은 묻지 않는다. 오해하지 말고 이해하라. 지적질을 잘하는 것이 지적 수준이 높은 것이 아님을 기억하라. 우리는 현재 각 직장에서 퇴출당하는 것 같지만 언젠가는 이 어려운 시기를 탈출하게 될 것이다.

5포 세대가 있다고 한다. '연애, 결혼, 출산에 대해 포기'하는 3포에

다 '내집 마련과 인간관계 포기'까지 합쳐서 5포 세대라고 한다. 직장을 잃고 사람들도 만나기 부담스러워서 교회로 나오지 않는 이들도 있다. 바로 그 '인간관계 포기'에 해당한다. 이럴수록 어려운 형제들 밥이라도 한 끼 더 사주며 격려하고 싶은데 아내의 눈초리가 이만저만이 아니다. 이 즈음에서 시대적 사명에 항복해야 하는지 아내에게 항복해야 하는지를 하나님께서 말씀해 주시면 좋겠는데 아내가 없어서 잘 모르시는지 영 말씀이 없으시다.

> 내가 오늘날 네 행복을 위하여 네게 명하는 여호와의 명령과 규례를 지킬 것이 아니냐(신 10:13).
>
> and to observe the LORD's commands and decrees that I am giving you today for your own good?

우리 교회 성도들 읽을거리 !

50. 호평과 혹평

오늘 듣기 좋은 호평이 미래엔 혹평일 수도 있고
오늘 듣기 힘든 혹평이 미래엔 호평일 수도 있다.

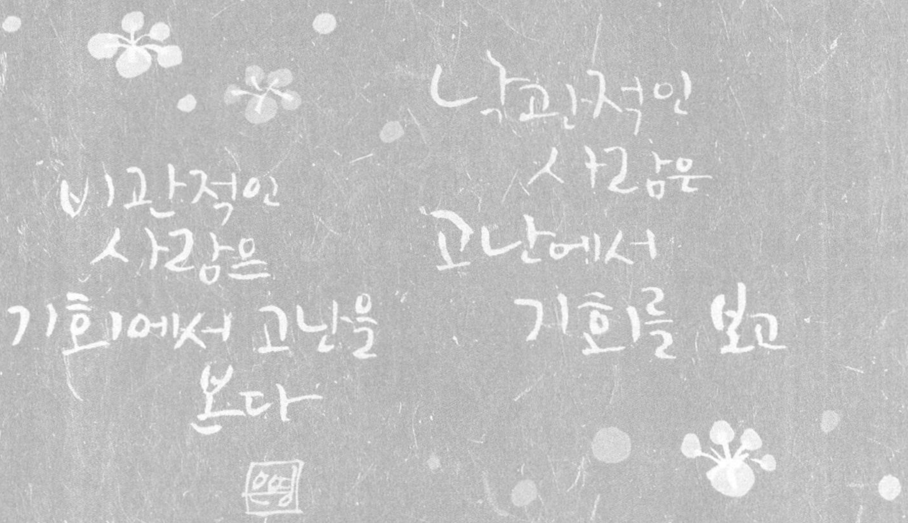

비관적인
사람은
기회에서 고난을
본다

낙관적인
사람은
고난에서
기회를 보고

　SBS에서 방영하는 프로그램 중에 "K팝 스타 시즌 6"가 한창이다. 양현석, 박진영, 유희열이 심사위원으로 참여하는 오디션 프로그램이다.

　많은 예선을 거쳐서 본선에 오르게 되는데 본선부터는 전국방송을 탄다. 몇 년을 준비한 아이, 다시 도전하는 아이, 외국에서 온 아이들이 도전한다. 재미있는 것은 한 사람, 한 사람이 노래하거나 춤을 춘 다음에 언급하는 심사위원들의 다양한 심사평이다.

　"너는 케이 팝의 미래"라는 등의 호평도 있지만 눈물을 쏙 빼는 혹평도 있다.

　감동이 없어.

　넌 춤을 추지마.

　예술 점수 0점.

　달라진 게 없어.

　더 재미난 것은 아이들의 순수한 반응이다. 호평을 받으면 "감사합니다"를 연발하며 좋아하고,

　혹평을 받으면 눈물을 줄줄 흘리면서 힘들어 한다.

　옛 속담에,

　음식은 먹기 나름이고

　말씀은 듣기 나름이라고 했던가?

정작 그 사람의 심사평이 호평이냐 혹평이냐는 그 평가를 받아들이는 사람의 태도에 따라서 달라진다.

> 혹평을 들은 사람이 그 다음 라운드에서 더 나은 모습으로 나올 때가 있고,
> 호평을 받은 사람이 그 다음 라운드에서 자만한 모습으로 망가질 때도 있다.

우리 삶에 있어서 가장 중요한 평가와 심사자는 누구이며 언제일까?

어떤 사람은 자신이라고 하고 어떤 사람은 역사라고도 한다. 신앙인들은 하나님이라고 한다. 호평이든지 혹평이든지 미완성인 내 삶을 향한 사람들의 평가에 일희일비하지 말고 각자 자신에게 주어진 길을 열심히 걸어가면 좋겠다.

이번 '시즌 6, 라스트 찬스'에서 경북 경주 출신의 서명성이라는 고등학생이 나온 적이 있었다. 온 힘을 다해서 불렀고 1라운드를 통과했지만 그 다음 라운드에서 떨어졌다. 그때 심사위원들은 창법과 곡 선정에 대해서 혹평을 했는데 특히, 박진영은 말했다.

> 노래가 뭔지도 모르는 사람 같아요.

그런데 2라운드를 준비하던 명성이는 대답했다.

그냥 제 음악하고 멋있게 떨어질래요.

나는 개인적으로 서명성이 제일 마음에 들었다. 이 프로그램의 기준으로는 혹평을 받았지만 아랑곳하지 않고 자신에게는 여전히 호평을 주며 자신의 길을 걷는 그 고등학생이 마음에 들었다. 어쩌면 내고향 출신이라고 해서 그렇게 말하는 것인지도 모른다. 객관성을 잃고 지연에 치우친 이런 마음은 혹평을 받아야 한다.

혹시, 내년에 경주에 가면 밥이라도 한 끼 사 주고 싶다.

> 옳다 인정함을 받는 자는 자기를 칭찬하는 자가 아니요 오직 주
> 께서 칭찬하시는 자니라(고후 10:18).
> For it is not the one who commends himself who is approved,
> but the one whom the Lord commends.

우리 교회 성도들 읽을거리 !

에필로그

이쁜이와 입뿐인 이

정작 책으로 나온다고 하니 기쁘기도 하면서 염려되는 면도
있습니다. 역시 예수쟁이는 말쟁이야…입뿐인 이…라고 할
것 같아서입니다. 그러나 이 책을 통해 말씀으로 천지를 창
조하신 하나님을 믿는 그리스도인들은 사는 것도 이쁜데 말
도 이쁘게 하네…이쁜이…라고 듣기를 소망합니다.

검색과 사색

사색보다 검색이 무성하여 "두뇌 직무 유기"에 해당하는
헛똑똑이들의 세상 속에서 검색보다 사색하는 성실한 그리
스도인들이 되기를 원합니다. 생각의 게으름으로 인한 생
각 가난으로부터 탈출할 수 있기를 바랍니다.

킬링타임과 힐링타임

진학전쟁, 취업전쟁, 결혼전쟁이라고 공공연히 표현하는 킬링타임
같은 삶 속에서 이 책을 통해 한 번이라도 웃고 나눌 수 있는 힐링
타임이 있었으면 좋겠습니다. 문화적 영향력을 가진 래퍼, 비와이
(BewhY) 같은 친구들에게도 도움이 되었으면 좋겠습니다. 700만 이
민자들의 자녀들에게 가르치는 "한글학교"에서도 한글의 재미와 좋
은 가치관 형성에 도움이 되었으면 좋겠습니다.

속독과 속뜻

속뜻을 더 깨닫고 나누기 위해 속독보다는 정독과 다
독을 권합니다. 사탕 속에 독이 들었는지 약이 들었는
지 천천히 녹여 먹을 때 아는 것처럼 천천히 읽으며 다
양한 속뜻을 알아갈 수 있기를 바래봅니다.

감사드립니다

어설픈 재택이의 원고를 채택해 주시고 50개의 구슬 같은 이야기들을 꿰어 아름다운 목걸이 같은 책 되게 해 주신 출판사 CLC에 속한 모든 가족들에게 감사드립니다.

『우리 교회 성도들 읽을꺼리 2』도 잘 꿰어 주시기를 부탁드립니다.

스타벅스보다 더 좋은 어느 수다박스에서 웃으며 커피 한 잔 하고 싶습니다.

이 글의 영감이 좋았다면 먼저 그것은 하나님의 은혜입니다.

그리고 신학대학원에서 구약학을 가르쳐 주셨던 김지찬 교수님과 저서, "언어의 직공이 되라"에 있습니다.

국어 실력이 괜찮았다면

경주 고등학교의 이종룡 선생님,

농소 중학교의 배재상 선생님,

농소 국민학교의 강만수 선생님 덕분입니다.

"우리 교회"라는 말의 작은 의미는

"우리 교회"라는 말이고

넓은 의미는 "우~~~리 교회"라는 의미입니다…^^

생각하기 좋은 도시, Edmonton에서 임재택 목사

우리 교회 성도들 읽을꺼리 1

Paronomasia for Christian 1

2017년 8월 31일 초판 발행

지 은 이 | 임재택

편 집 | 정희연, 정재원
디 자 인 | 신봉규, 서민정
펴 낸 곳 | 사)기독교문서선교회
등 록 | 제16-25호(1980. 1. 18)
주 소 | 서울시 서초구 방배로 68
전 화 | 02) 586-8761~3(본사) 031) 942-8761(영업부)
팩 스 | 02) 523-0131(본사) 031) 942-8763(영업부)
홈페이지 | www.clcbook.com
이 메 일 | clckor@gmail.com
온 라 인 | 기업은행 073-000308-04-020, 국민은행 043-01-0379-646
　　　　　　　예금주: 사)기독교문서선교회

ISBN 978-89-341-1698-1 (03230)